GOYA/CLAUSEWITZ
PARADIGMAS DE
LA GUERRA ABSOLUTA

ALPHA, BET & GIMMEL

NIL SANTIÁÑEZ

GOYA/CLAUSEWITZ
PARADIGMAS DE
LA GUERRA ABSOLUTA

ALPHA DECAY

A María S.

ÍNDICE

I

1. Localidad de la guerra absoluta 13

II

2. Gramática de la guerra absoluta 27
3. Iconografía de la guerra absoluta 43

III

4. Lógica y dialéctica de la guerra absoluta . 67
5. Arte de la guerra y guerra del arte 83

IV

6. El paradigma Clausewitz 101
7. El paradigma Goya 109
8. Geometría militar global y espaciotemporalidad de la guerra absoluta 119

V

9. Imágenes 133

I

1
LOCALIDAD DE
LA GUERRA ABSOLUTA

La Revolución Francesa y las guerras napoleónicas dieron forma a una nueva manera de concebir y practicar la guerra, a la vez que crearon algunas de las condiciones necesarias para el desarrollo de una geometría militar de alcance, hoy día, global. El largo, penoso y sangriento camino recorrido por los ejércitos franceses desde Valmy a Waterloo recortó los límites de lo que Carl von Clausewitz denominó «guerra absoluta», y condujo a una reescritura radical de la gramática y el sentido del espacio en toda Europa. Se racionalizó la geografía política de Europa al eliminarse la vigente desde la Edad Media (v.g. organización del continente en Estados modernos mediante anexiones de territorio, tratados de paz y el Congreso de Viena; desaparición del Sacro Imperio Romano y de la mayoría de ciudades-estado), se introdujeron cambios institucionales que reorganizaron las relaciones políticas, administrativas y jurídicas en

Europa (v.g. aplicación del código napoleónico, eliminación del feudalismo, o, en su defecto, reacción tan furibunda como inevitablemente defensiva contra esos cambios), y surgió la estructura según la cual los acontecimientos revolucionarios de un país pueden afectar decisivamente al resto de Estados europeos, fenómeno que generó, en los ciudadanos del continente, la conciencia de compartir un espacio, una historia y un futuro comunes. Si de la guerra se ha dicho que es la «madre de los inventos», de las que asolaron Europa entre 1792 y 1815 podría afirmarse que fueron la «madre de una nueva forma de producir espacio» mediante la puesta en práctica del primer arte bélico moderno, nacido en Francia y adoptado luego por el resto de países hegemónicos en Europa. La enorme movilización de recursos humanos y económicos –derivados de la confluencia de la revolución industrial y de los ideales de la Revolución Francesa– con los que se emprendieron las campañas bélicas, la reestructuración del ejército, nuevas tácticas y estrategias militares, que dieron prioridad a la movilidad y al empleo masivo de unas tropas baratas y fáciles de reemplazar gracias a la *levée en masse*, la búsqueda de batallas decisivas, la falta de moderación en la conducción de la guerra por parte de Napoleón, quien hizo de la guerra el mecanismo básico de su política exterior fueron, entre otros, factores completamente nuevos y de *longue durée* surgidos durante las campañas revolucionarias y napoleónicas.

Contamos con un considerable número de estudios dedicados a la descripción y al análisis del tipo de guerra introducido en Francia durante las sesiones de la Asamblea Nacional de invierno de 1791-1792, en las que los girondinos impusieron su visión y defensa de la guerra. No obstante, la crítica especializada no ha atendido debidamente un aspecto fundamental de la primera manifestación de la guerra absoluta: su «localidad». Por «localidad» no me refiero al teatro de operaciones, ni tampoco a los debates parlamentarios que la precedieron o apoyaron, objetos ambos de la mayoría de estudios, ni mucho menos a un espacio concebido como telón de fondo, como algo neutral y pasivo.[1] La guerra absoluta sólo se comprende plenamente si se estudia su «localidad», entendida aquí, en términos generales, como una geometría de espacios y lugares producidos por y productores de acciones humanas, en este caso bélicas. Te-

---

1. Caso, por poner un solo ejemplo, de un libro de David A. Bell: *The First Total War. Napoleon's Europe and the Birth of Warfare as We Know It* (Boston y Nueva York: Houghton Mifflin Company, 2007).

niendo en cuenta el modelo teórico propuesto por Henri Lefebvre en *La Production de l'espace*, la localidad de la guerra absoluta reside, en primer lugar, en la disolución de los límites militares, éticos, sociales y políticos constitutivos de la guerra en Europa antes de la Revolución Francesa, y, en segundo término, en la peculiar constelación de relaciones entre tres órdenes espaciales: (i) las prácticas espaciales materiales posteriores a la batalla de Valmy; consisten básicamente en la planificación, la dirección y los resultados de la acción militar (v.g. apertura de nuevas vías de comunicación para el transporte de tropas, apropiación de territorios, estriación del espacio en regiones militares, determinación de vectorialidades, orientación de las actividades económicas, culturales y científicas en función de objetivos militares); (ii) las representaciones de espacio, discursividades destinadas a proporcionar el lenguaje, los códigos y el saber necesarios para conocer, articular y discutir las prácticas materiales espaciales ejecutadas por los ejércitos antes, durante y después de una guerra (informes militares, libros de estrategia, tratados de paz, historias y teoría de la guerra); y, en último lugar, (iii) los espacios de representación, invenciones con las que los individuos imaginan nuevos sentidos y posibilidades para sus prácticas espaciales (discursos espaciales, paisajes imaginarios, artefactos culturales como la literatura y la pintura de guerra, distopías imaginadas como reacción a la guerra); se trata de espacios directamente vividos por los habitantes (y también por filósofos, artistas y escritores) a través de imágenes y símbolos.

La relación entre los tres órdenes espaciales es fluida, y el componente discursivo subyace en todos ellos. En rigor, la guerra *qua* guerra, esto es, en tanto que actividad empírica extra lingüística realizada por militares, no existe sin lenguaje. Las guerras se inician, se mantienen y se recuerdan gracias a la proliferación de lenguaje. La declaración de guerra, las proclamas, los discursos presidenciales y parlamentarios, los comunicados oficiales, los himnos, las canciones, los artículos de periódico, las cartas escritas por militares, las autobiografías de veteranos y la literatura forman parte del esfuerzo bélico, de su ritualidad, de su comprensión, de su recuerdo. Aunque las guerras son, huelga decirlo, acciones humanas distintas de los lenguajes empleados para comprenderlas o comunicarlas, no es menos cierto que su existencia no se puede disociar de las prácticas discursivas. La historia de la guerra, ha escrito Paul Virilio, es básicamente la historia de cambios de percepción radicales; el propósito de la guerra es «producir espectáculo»; sin representación, sin mistificación psicológica, sostiene Virilio, no puede haber guerra.[2] En toda guerra hay una desrealización del lenguaje, presente –por ejemplo– en la estrategia militar, en las alianzas verbales, en los partes militares, en las mentiras y mistificaciones dirigidas a ocultar la verdad a la población civil, en la emisión de información falsa para desorientar al enemigo, en la codificación y decodificación de mensajes, en la historia de los hechos de guerra y en las conversaciones cotidianas de quienes participan en ellas. Como ha demostrado Elaine Scarry en un libro fundamental, lo ficcional es un atributo principal del lenguaje de y sobre la guerra.[3] Incluso el campo de batalla contiene elementos que pueden parecer irreales, casi ficticios, a quien no lo conoce bien. Clausewitz muestra el efecto desrealizador de la guerra con la imagen del bautizo de fuego del soldado novato: al carecer de experiencia, a medida que se aproxima a la primera línea y oye con creciente intensidad el estampido de los cañones y el silbar de las balas, el soldado percibe el combate como una alucinación, como si de algo

---

2. Paul Virilio y Silvère Lotringer, *Pure War*, trad. Mark Polizzotti (Nueva York: Semiotext(e), 1997), p. 5.

3. Elaine Scarry, *The Body in Pain. The Making and Unmaking of the World* (Oxford: Oxford University Press, 1985), p. 137.

teatral se tratara; pierde los puntos de referencia habituales, se halla, de repente, en un nivel de la realidad dotado de sus propias reglas donde lo racional se mueve en un ámbito totalmente distinto del común en la vida civil.[4] Las mismas prácticas espaciales bélicas contienen, como puede verse, una constelación de acciones verbales, y reduplican de esta forma los lenguajes característicos de las representaciones de espacio y de los espacios de representación.

Partiendo del concepto de espacio como entidad múltiple, producida a la vez que productora, así como de la estrecha relación entre guerra y lenguaje reseñados, este ensayo se centra en el examen comparado de las dos obras que asentaron, por primera vez en la historia cultural de Occidente, los códigos, el conocimiento, el lenguaje y la iconografía necesarios para conceptualizar y representar un fenómeno nuevo e inquietante: la guerra absoluta. De ambas nació una tradición que llega hasta nuestros días. Me refiero a *Vom Kriege* («De la guerra», 1832-

---

4. Carl von Clausewitz, *Vom Kriege*, ed. Werner Hahlweg (Bonn: Ferd. Dümmlers Verlag, 1973), libro I, capítulo 4, pp. 253-255; en adelante, la procedencia de las citas de Clausewitz se indicará en el cuerpo del texto entre paréntesis (libro, capítulo, páginas). Salvo indicación contraria, en este ensayo todas las traducciones al castellano son mías.

1834), del general prusiano Carl von Clausewitz (1780-1831), y a «Fatales consecuencias de la sangrienta guerra en España con Bonaparte y otros caprichos enfáticos», serie de 85 grabados de Francisco de Goya (1746-1828) compuestos entre 1810 y 1820, publicada, póstuma y parcialmente, por la Real Academia de Nobles Artes de San Fernando bajo el título *Los desastres de la guerra* (1863). En el primer caso, nos encontramos ante la representación de espacio en la que se propuso el concepto de «guerra absoluta», y, en el segundo, con el primer espacio de representación que imaginó la guerra absoluta y sus *loci* con técnicas artísticas que supusieron una ruptura radical con las convenciones artísticas dominantes en el arte sobre la guerra. *Vom Kriege* y *Los desastres de la guerra* guardan entre sí una relación simbiótica: el libro del general prusiano proporciona un marco conceptual para entender la guerra absoluta, mientras que los grabados de Goya le confieren una forma visual. Del mismo modo que las guerras revolucionarias y las campañas napoleónicas fueron las primeras manifestaciones de la estructura de *longue durée* que ha determinado otras actualizaciones de la guerra absoluta (v.g. las dos guerras mundiales, la conducción militar de la guerra civil española, la guerra civil en Ruanda en 1994), *Vom Kriege* y *Los desastres de la guerra* constituyen los primeros textos que conceptualizaron y visualizaron la guerra absoluta. Naturalmente, hubo otros; las guerras napoleónicas generaron, casi desde su inicio, un considerable número de representaciones literarias y artísticas. Pero sí fueron, por su originalidad y repercusión, los textos que determinaron de manera decisiva las representaciones de espacio y los espacios de representación consagrados, desde entonces, a la guerra absoluta. Por esa razón, puede hablarse de la existencia de dos paradigmas culturales básicos de la guerra absoluta: el *paradigma Clausewitz*, predicado en la necesidad intelectual y –digamos– existencial de entender teóricamente ese tipo de guerra, y el *paradigma Goya*, el cual presupone que la destrucción de la mimesis es la forma más adecuada para representar hechos que eluden una clara comprensión racional.

A pesar de la notable abundancia de estudios sobre *Vom Kriege* y *Los desastres de la guerra*, no hay trabajos que los hayan analizado comparadamente, algo por lo demás comprensible si se tiene en cuenta la distancia que media entre las dos disciplinas en las que se enmarca cada uno de esos textos: la historia y la teoría militar en un caso, y el arte en el otro. Los puntos de contacto, sin embargo, están ahí. Incluso las trayectorias vitales de sus autores presentan ciertos paralelismos. Téngase presente que Francisco de Goya y Carl von Clausewitz, vinculados ambos al poder político de sus países, vivieron directamente las guerras napoleónicas. Goya pasó la guerra en Madrid, con la excepción de un viaje por tierras de Aragón entre octubre de 1808 y principios de mayo de 1809. Según le comunicaba a José Munarriz en una carta fechada el 2 de octubre de 1808, el general José Palafox lo había invitado «para que vaya esta semana a Zaragoza a ver y examinar las ruinas de aquella ciudad con el fin de pintar las glorias de aquellos naturales, a lo que no me puedo excusar por interesarme tanto en la gloria de mi patria». En el viaje, que, por lo que parece, emprendió entre el 2 y el 8 de octubre, lo acompañó su discípulo Luis Gil Ranz. Goya abandonó Zaragoza a finales de noviembre, poco después de la derrota de las fuerzas de Palafox y Castaño en Tudela el 23 de noviembre, debacle que dio vía libre a los franceses para volver a Zaragoza y sitiar de nuevo la capital aragonesa, como efectivamente sucedió el 20 de diciembre. En su viaje de regreso, Goya se dirigió a Fuendetodos, donde presumiblemente pasó unas semanas, y de allí prosiguió hasta Madrid, refugiándose antes en Renales y Piedrahíta. En Madrid, donde viviría –sin padecerla– la hambruna de 1812, colaboró a pesar de todo con los franceses pintando retratos de figuras prominentes de las fuerzas invasoras (retrato de José I en su *Alegoría del pueblo de Madrid*, del general Nicolas Guye, de Victor Guye) y de destacados afrancesados (el general Manuel Romero, ministro de Justicia, Manuel Silvela, Juan Antonio Llorente); en 1811 sería condecorado por José I con la Real Orden de España. Clausewitz, por su parte, luchó en las guerras napoleónicas. Combatió con las tropas de Prusia contra el ejército revolucionario francés en la campaña del Rhin (1793-1794) y en la de Jena contra Napoleón (14 de octubre de 1806), y fue capturado e internado en Francia por las tropas francesas tras la capitulación de Prenzlau (28 de octubre de 1806). En 1812 abandonó Prusia para unirse al ejército ruso, en el que se distinguió como oficial de Estado Mayor. Durante esos meses al servicio de Rusia, Clausewitz estuvo presente en la batalla de Borodino (7 de septiembre de 1812). Por último, formó parte de la coalición militar que derrotó a Napoleón en la batalla de Waterloo (18 de junio de 1815): en marzo de 1815 había sido nombrado jefe del Estado Mayor de uno de los cuatro ejércitos bajo el mando del general Blücher; el cuerpo de ejército de Clausewitz, comandado por von Thielmann, no estaría, sin embargo, en Waterloo, y se limitó a participar en una acción defensiva en Wavre.

Vom Kriege y *Los desastres de la guerra* nacieron, en cierta medida, como un intento por parte de Clausewitz y de Goya de comprender las guerras napoleónicas. Ambas obras se publicaron póstumamente, hecho que ha dificultado su hermenéutica, en especial la del libro de Clausewitz. El carácter incompleto de *Vom Kriege* ha generado una singular variedad de interpretaciones, en no pocas ocasiones opuestas entre sí. De todos modos, y como ha observado recientemente Hew Strachan, esa condición de *Vom Kriege* ha sido, y con toda probabilidad seguirá siendo, la razón de su vigencia, pues, al tratarse de un *work in progress* y articular ideas y juicios no siempre consistentes, cada generación de lectores la ha interpretado a su manera.[5] Un análisis comparado y en contrapunto de *Vom Kriege* y *Los desastres de la guerra* revela nuevas dimensiones de cada obra y proporciona una visión más completa de la guerra absoluta, de su localidad en la tríada espacial antes comentada, de su producción de espacio –la guerra absoluta, por decirlo con un término de Carl Schmitt, significó un nuevo *nomos* de la tierra– y, finalmente, de la geometría militar global, cuya constitución entrevieron Goya y Clausewitz.

---

5. Hew Strachan, *Carl von Clausewitz's* On War. *A Biography* (Nueva York: Atlantic Monthly Press, 2006), pp. 26, 193-194.

II

2

GRAMÁTICA DE
LA GUERRA ABSOLUTA

Hijo de la Ilustración y lector voraz, Carl von Clausewitz adquirió, con el paso de los años, una nada desdeñable formación filosófica, histórica y literaria. La tradición pietista de su familia (su abuelo enseñó teología en la Universidad de Halle, y tanto su bisabuelo como su tatarabuelo fueron pastores protestantes) seguramente contribuyó, si no a sus creencias religiosas –que nunca mostró, si es que las tuvo–, al libre desarrollo de las cualidades e intereses particulares del joven Clausewitz. Su alistamiento a instancias del padre –oficial retirado que combatió en la guerra de los Siete Años (1756-1763)– en el Regimiento de Infantería número 34, hecho decisivo en su vida, no minó en absoluto las inclinaciones intelectuales de Clausewitz. Una vez finalizadas las hostilidades entre Prusia y Francia en 1795, Clausewitz fue destacado por su regimiento a una granja de Westfalia, cerca de Osnabrück. En una carta a quien se convertiría en su esposa, Marie von Brühl, fechada el 3 de julio de 1807, Clausewitz escribió que desde la granja se podían conseguir libros con facilidad, y que allí empezó a leer panfletos de *illuminati* y libros sobre la perfectibilidad humana; «de pronto», le confiesa a su prometida, «la vanidad del soldado se transformó en una ambición filosófica extrema». Años después, entre 1801 y 1804, Clausewitz estudió en la Berliner Allgemeine Kriegsschule (Academia Militar de Berlín), institución en la que recibió una amplia formación intelectual; su interés por la filosofía encontró un fuerte estímulo en las clases de uno de sus profesores, el divulgador de la filosofía kantiana Johann Gottfried Kiesewetter. En los dos años siguientes, que pasó en Berlín en calidad de asistente del príncipe Augusto, leyó libros de historia, trabajos sobre diplomacia, estudios acerca de temas culturales y militares; seguramente fue entonces cuando se familiarizó con la obra de Montesquieu, de Maquiavelo, de Montaigne, autores citados por Clausewitz en sus primeros escritos. Pasó parte del verano y otoño de 1807 en Coppet (Suiza) como huésped de Madame de Staël, en cuyas célebres tertulias conoció a August Wilhelm Schlegel. En sus años berlineses (1801-1806, 1808-1811, 1819-1830), y, sobre todo, tras su matrimonio en 1810 con Marie von Brühl, dama de la aristocracia muy bien relacionada con la Corte y con los círculos culturales prusianos, Clausewitz frecuentó las mismas tertulias que Wilhelm von Humboldt, Achim von Arnim, Heinrich von Kleist, Johann Gottlieb Fichte y Friedrich Schleiermacher; en ellas participó en debates y conversaciones centrados, como es de presumir, en los ideales de la Ilustración, del Sturm und Drang, del romanticismo y, con toda probabilidad, del incipiente idealismo alemán. No sorprende, pues, el robusto sustrato intelectual de la filosofía de la guerra desarrollada en *Vom Kriege*.

En una «Noticia» escrita a modo de prólogo de su *opus magnum*, Clausewitz distingue entre dos tipos de guerra según sus respectivos objetivos; uno consiste en «*la derrota del enemigo*,[1] a saber, aniquilarlo políticamente o eliminar su poderío militar y así obligarle a aceptar nuestras condiciones de paz», y el otro en «la ocupación de la zona fronteriza de su territorio para anexionarla o utilizarla ventajosamente en las negociaciones de paz» (p. 179; véase también IV, 5, pp. 436-437). Tal es una de las dos tesis básicas que articulan *Vom*

---

1. De no indicarse lo contrario, las cursivas de los pasajes de *Vom Kriege* aquí citados son de Clausewitz.

Kriege; la otra la formula en un famoso aforismo: la guerra no es otra cosa que la continuación de la política gubernamental (*Staatspolitik*) por otros medios (p. 179). En el libro VIII, capítulo 3A, subraya la diferencia entre estos dos tipos de guerra con mayor claridad; allí sostiene que la guerra puede considerarse en «su forma absoluta o en una de las diversas formas reales que adquiere» (p. 956). El término «absoluto» hay que entenderlo en el contexto filosófico de la época, concretamente en el ámbito de la filosofía idealista; «absoluto» mienta la realidad independiente e incondicionada; con la expresión «guerra absoluta» se refiere a la guerra en sí misma, considerada sólo según sus reglas intrínsecas y poniendo entre paréntesis todo factor extrínseco a su propia gramática. La naturaleza intrínseca de la guerra la describe en el capítulo 1 del libro I: la guerra, sostiene Clausewitz, es un «*acto de fuerza para obligar al enemigo a cumplir con nuestra voluntad*» (pp. 191-192); la fuerza es el medio, la imposición de nuestra voluntad al enemigo es el objeto, y para asegurarnos el cumplimiento de dicho objetivo es necesario «dejar indefenso al enemigo» (p. 192). Según Clausewitz, no hay un límite lógico en la aplicación de la fuerza; eso significa que los dos beligerantes aplicarán, recíprocamente, la máxima fuerza para conseguir sus objetivos; éste es el primer «extremo» de la guerra. El segundo «extremo» procede del hecho de que en toda guerra hay una colisión entre dos fuerzas vivas cuya interacción conduce al escalamiento de las hostilidades: «Mientras yo no haya derrotado a mi oponente, he de temer que él me derrote a mí. Así, yo no tengo el control: él me impone reglas tanto como yo se las impongo a él» (p. 194). Por último, el tercer «extremo» de la guerra –planteado en una sección significativamente titulada «Máximo empleo de fuerza»–, lo formula con las siguientes palabras:

«Si queremos derrotar al enemigo, hemos de igualar nuestro esfuerzo a su capacidad de resistencia, que se expresa como el producto de dos factores inseparables, a saber, *la totalidad de medios a su disposición* y *la fuerza de su voluntad*. La fuerza de los medios disponibles se puede determinar, es un asunto basado [...] en números. Pero la fuerza de su voluntad no se deja determinar tan fácilmente y sólo se puede estimar por la fortaleza de los motivos que la animan. Suponiendo que obtuviéramos de ese modo una estimación probable de la capacidad de resistencia del enemigo, habríamos de reajustar nuestros esfuerzos, o aumentándolos hasta sobrepasar los del enemigo, o, si eso está más allá de nuestras posibilidades, esforzándonos tanto como nos fuese posible. Pero el enemigo hará lo mismo; por lo tanto, un nuevo escalamiento recíproco en la mera imaginación debe adoptar de nuevo un empeño hacia lo más extremo» (p. 195).

Clausewitz concluye que la guerra se compone de una tríada formada por (i) violencia, odio y enemistad (*Feindschaft*), que han de ser considerados una fuerza natural ciega, (ii) el juego de la probabilidad y del azar, y (iii) su naturaleza subordinada a instrumentos políticos (p. 213). El primer elemento concierne al pueblo, el segundo al comandante en jefe y a su ejército, y el tercero al Gobierno.

Lógicamente, puesto que los dos bandos beligerantes han de percibir la guerra como un acto de fuerza para obligar al enemigo a cumplir su voluntad, las hostilidades no pueden cesar hasta que uno u otro bando sea derrotado (VIII, 2, p. 952). En su forma absoluta, la guerra carece de lo que Clausewitz denomina «un espacio intermedio neutral» (VIII, 3A, p. 956); el único resultado válido es la total destrucción del enemigo (p. 956). En principio, la «guerra absoluta» es un constructo teorético requerido por el método filosófico para entender la naturaleza de la guerra así como sus variedades empíricas; sin él, se correría el riesgo de caer en el anecdotario o en el historicismo. Primero hay que establecer, pues, los principios básicos, y, a partir de ellos, deducir la naturaleza de la guerra y su realización práctica a lo largo de la historia. La guerra «real» no es otra cosa, por ende, que la actualización de su naturaleza esencial. Ahora bien: aunque tiene su propia *gramática*, la guerra sigue la *lógica* de la política; para Clausewitz, la guerra consiste en la continuación de la política con otros medios, o, como él mismo matiza, muy significativamente, al final de su obra, «con la intervención [*Einmischung*] de otros medios» (VIII, 6B, pp. 990-991). Las guerras cuentan con una especie de «medio no-conductor» (*nicht leitende Scheidewand*) (VIII, 2, p. 953) que impide una «descarga total» (p. 953). Los factores inherentes a la máquina de guerra pueden interrumpir y modificar el principio de hostilidad (p. 952). En tanto que serie de acciones perteneciente a la empiria, la guerra real pertenece, de hecho, a un conjunto: la actividad política (VIII, 6B, p. 990). La intrusión de fuerzas extrínsecas (estudiadas sobre todo en el libro I, capítulo 1) controla, por ello, el impulso de aniquilar las fuerzas enemigas e impide el completo cumplimiento de los elementos intrínsecos de la guerra en su grado absoluto.

La relación binomial de raigambre kantiana entre «guerra absoluta» y «guerra real» experimenta una modificación decisiva tan pronto el primer término del binomio pasa a formar parte de la empiria a partir de la Revolución Francesa y las campañas napoleónicas. El reconocimiento de este fenómeno es una de las aportaciones más importantes de *Vom Kriege*. Clausewitz arguye que la historia de la guerra muestra que el estado normal de los ejércitos en un conflicto bélico es la inmovilidad y la inactividad, y no la acción (III, 16, pp. 407-411). Las guerras posteriores a la Revolución Francesa han invertido esa constante: en ellas, y «especialmente en las campañas de Bonaparte, el modo de hacer la guerra ha alcanzado el grado absoluto [*unbedingt*] de energía, que nosotros consideramos su ley elemental»; con su característico lenguaje filosófico, Clausewitz deduce que «es posible alcanzar ese grado, y si es posible, es necesario» (III, 16, pp. 407-408). Más adelante, califica esa guerra con los adjetivos «verdadera» (*eigentlicher Krieg*) y «absoluta» (*absoluter Krieg*), que aquí considera intercambiables (VI, 28, p. 813), subrayando que dicha guerra se caracteriza por ser una «lucha a vida o muerte» (p. 813). Pero es en el libro VIII donde Clausewitz desarrolla por extenso el concepto de «guerra absoluta», en particular en los capítulos 2 (titulado «Guerra absoluta y guerra real», pp. 952-955), 3A (pp. 956-959) y 3B (pp. 960-974). Según Clausewitz, podría dudarse de la realidad de la guerra absoluta si «en nuestros días nosotros no hubiéramos visto la guerra real [*wirklichen Krieg*] presentarse [*auftreten*] en su perfección absoluta» (VIII, 2, p. 953), grado al que la llevó Napoleón con «brutalidad» y «rapidez [...] combatiendo sin descanso hasta derrotar al enemigo» (p. 953). Con la Revolución Francesa, «de repente, la guerra se convirtió otra vez en un asunto del pueblo, para ser precisos, de un pueblo de treinta millones de habitantes, siendo todos ellos considerados ciudadanos del Estado» (VIII, 3B, p. 970); en contraste con las guerras limitadas combatidas antes de 1789, «con la participación del pueblo en la guerra, los gobiernos y los ejércitos pusieron en la balanza [...] el peso de toda la nación» (p. 971). Clausewitz argumenta que «desde Bonaparte, la guerra, primero entre los franceses y luego contra sus enemigos, fue de nuevo un asunto que concernía al pueblo en su totalidad, y adquirió un aspecto completamente distinto, o más bien se aproximó mucho a su perfección absoluta [*absolute Vollkommenheit*]» (p. 972). En suma: «el objetivo de la guerra era la derrota del enemigo; sólo cuando éste quedaba postrado se hacía una pausa para alcanzar un acuerdo sobre intereses opuestos» (p. 972).

La guerra absoluta auto-realizada gracias a la Revolución Francesa es indisociable de una nueva forma de producción espacial. A ello ya se había referido en el capítulo 9 del libro V, donde sostiene que los «límites» de las operaciones militares se han dilatado hasta tal punto, que un retorno a las antiguas «limitaciones» puede ocurrir «sólo brevemente, de forma esporádica y bajo condiciones especiales; la guerra se abrirá paso otra vez con la violencia total [*Allgewalt*] de su naturaleza» (V, 9, p. 549). En el capítulo 3B del libro VIII, el filósofo prusiano retoma esa idea: al convertirse la guerra en un asunto no sólo de los gobiernos o de las dinastías, sino de toda la nación, en las guerras napoleónicas «los recursos movilizados parecían ilimitados, todos los límites se perdieron en la energía y el entusiasmo de los gobiernos y sus súbditos» (p. 972); como sentencia más adelante, una vez que «las barreras [...] se han derribado, no es tan fácil volver a levantarlas; al menos cuando se dirimen intereses muy serios, la mutua hostilidad se resolverá de la misma manera que en nuestro tiempo» (p. 973). Esta nueva producción espacial –doblemente intensiva y extensiva, pues la ruptura de los límites tiene que ver tanto con la intensidad y amplitud de recursos como con la extensión del conflicto por toda Europa– hace que en la guerra absoluta se diluya la capacidad humana de controlarla, fenómeno al que Tolstói se refirió repetidamente en *Guerra y paz* (1865-1869) a propósito de la guerra entre Francia y Rusia en otoño e invierno de 1812. Diríase que la guerra absoluta es el sujeto agente de sí misma; sus partícipes, desde el general en jefe de las fuerzas armadas hasta el soldado raso son, en el fondo, funciones de una gramática que controla y determina sus acciones. La sinonimia establecida por el autor entre «guerra total» (*ganzer Krieg*) y «guerra absoluta» en *Vom Kriege* (VIII, 6B, p. 991) parece apuntar a lo que en inglés llamaríamos *lack of agency* de los protagonistas. Con la expresión «guerra total», Clausewitz sugiere la capacidad de la guerra absoluta de abarcarlo todo. La guerra absoluta carece de exterioridad; la economía, la política, la vida de los ciudadanos de la nación beligerante se supeditan a la conducción de la guerra –algo que, dicho sea de paso, recomendaría, *mutatis mutandi*, Erich Ludendorff en un libro por lo demás bastante crítico con Clausewitz: *Der totale Krieg* («La guerra total», 1935)–. Las dos guerras mundiales del siglo XX darían la razón a esa intuición de Clausewitz: en ambas, la guerra se emancipó del control político; la enorme movilización de recursos humanos, económicos y materiales absorbió la organización y el funcionamiento de la sociedad civil de los países beligerantes; se restringieron las libertades de los ciudadanos y se modificó radicalmente la política exterior habitual. En la guerra entre Alemania, Japón y los países aliados el objetivo fue, lisa y llanamente, la completa aniquilación del enemigo.[2]

La «enemistad» es uno de los componentes del «instinto natural ciego» (*blinder Naturtrieb*) de la tríada constitutiva de la guerra. Como hemos visto antes, la supeditación de la guerra a la política impide que tales elementos alcancen su extremo. No obstante, tan pronto la guerra llega a su estado absoluto, el primer componente de la tríada se manifiesta en toda su pureza, sin constricciones, imponiéndose a los otros dos. En la guerra absoluta se desata el «elemento libre de la enemistad» (*das ungebundene Element der Feindschaft*) (VIII, 6B, p. 991).

---

2. No es ninguna casualidad que un reciente libro de Chris Bellamy sobre la guerra entre Alemania y la Unión Soviética se titule *Absolute War. Soviet Russia in the Second World War* (Nueva York: Alfred A. Knopf, 2007).

Clausewitz ya lo había afirmado en el capítulo 11 del libro IV: «Cuanto más real sea la guerra, mayor será la carga de enemistad, de odio, más imponentes serán ambas partes, y toda la actividad confluirá en combates sangrientos» (p. 468). La guerra absoluta es, por lo tanto, una actividad en la que se despliega lo que Carl Schmitt, en su *Theorie des Partisanen* («Teoría del partisano», 1963), ha denominado «enemistad absoluta», predicada en la absoluta injusticia del enemigo. Así, el enemigo no es simplemente «otredad negada» –por decirlo con palabras de Hegel–, sino otredad criminalizada. Siguiendo una tradición nacida con la Ilustración, los girondinos y, años después, los políticos franceses y el propio Napoleón concibieron la guerra como algo necesario para terminar con todas las guerras y alcanzar la paz universal. En su intervención en la Convención Nacional el 12 de octubre de 1792, el girondino Charles-François Dumouriez resumía el sentir y los discursos anteriores de sus correligionarios al declarar que «Esta guerra será la última guerra» (el 20 de septiembre de 1792, el general Dumouriez había derrotado al ejército prusiano en la batalla de Valmy, y el 6 de noviembre derrotaría al ejército de Austria en la batalla de Jemappes). Napoleón se presentó a sí mismo como un hombre de paz cuyo designio era terminar con las guerras y lograr la paz en el mundo. Naturalmente, objetivo tan noble, universal y en apariencia altruista presupone la absoluta falta de razón del enemigo, pues su oposición a la paz universal lo convierte en un beligerante irrazonable, completamente injusto. Todo vale para terminar con un enemigo opuesto a ese objetivo. Ya Kant, en el parágrafo 60 de su *Metaphysik der Sitten, erster Teil: Metaphysische Anfangsgründe der Rechtslehre* («Metafísica de las costumbres, primera parte: Elementos metafísicos del derecho», 1797), había escrito que no hay límites en el derecho de un Estado contra un «enemigo injusto» (*ungerechter Feind*) por lo que atañe a la cantidad, aunque sí los hay con respecto a la calidad.[3] Un Estado no puede usar todos los medios a su disposición para defenderse de un enemigo injusto, pero sí tomar sus medidas con toda la fuerza de la que es capaz. Para Kant, un enemigo injusto es aquel cuya voluntad explícita revela una máxima que, de convertirse en norma universal, haría imposible la paz entre las naciones y perpetuaría para siempre el estado de la naturaleza, considerado éste como la condición de injusticia legal. Por otra parte, un enemigo «justo» sería aquel a quien yo

---

3. Immanuel Kant, *Metaphysik der Sitten, erster Teil: Metaphysische Anfangsgründe der Rechtslehre*, ed. Bern Ludwig (Hamburgo: Felix Meiner Verlag, 1998), pp. 171-172.

haría una injusticia si le opusiera resistencia, pero en ese caso –añade Kant– no sería mi enemigo. A pesar de que Kant no elabora suficientemente sus tesis, las consecuencias de esa percepción del enemigo están a la vista de quien conozca la historia bélica del siglo XX, en particular la guerra civil rusa entre el Ejército Rojo y los ejércitos antibolcheviques (1918-1920), la combatida entre la Alemania nazi y la Unión Soviética entre 1941 y 1945, y la guerra fría entre Estados Unidos y la Unión Soviética, durante la cual cada bando consideró al otro como el epítome del mal. La campaña de exterminio en la región de la Vendée (1793-1796) –a la que Victor Hugo dedicó una novela sobrecogedora, *Quatrevingt-treize* («Noventa y tres», 1874)–, así como la ferocidad con la que se combatió en España durante la guerra de la Independencia derivaron, en parte, de la interiorización de esa percepción del enemigo. A pesar de ser innegable que antes de 1789 se dieron casos de guerras luchadas en nombre de categorías absolutas, trascendentales (v.g. «la religión verdadera»), el número extraordinario de efectivos humanos y recursos materiales, el hecho de que las guerras, a partir de la Revolución Francesa, se combatieron en nombre de la nación, y no del gobierno o de la Corona, así como la universalidad de los ideales ilustrados subyacentes a esa revolución, dieron una nueva dimensión e incrementaron de forma exponencial la brutalidad con la que se trató al «enemigo absoluto». Por decirlo con palabras de Carl Schmitt procedentes de su libro *Der Begriff des Politischen* («El concepto de lo político», 1932), invocar y monopolizar términos como «humanidad», «paz» o cualquier otro valor universal para justificar una guerra «tiene incalculables efectos, tales como negarle al enemigo la cualidad de ser humano y declararlo un enemigo de la humanidad; y la guerra puede por ello llevarse a cabo con la más extrema inhumanidad».[4]

---

4. Carl Schmitt, *The Concept of the Political*, edición ampliada, trad. George Schwab (Chicago: The University of Chicago Press, 2007), p. 54.

3

ICONOGRAFÍA DE
LA GUERRA ABSOLUTA

La primera aproximación rigurosa a la guerra de guerrillas se debe a Carl von Clausewitz. Su interés por el tema se remonta al período posterior a los tratados de Tilsit (7-9 de julio de 1807). Al igual que los generales Scharnhorst (director de la Berliner Allgemeine Kriegsschule y, desde 1807 hasta 1810, jefe del Allgemeine Kriegsdepartement, equivalente al Ministerio de Guerra), Gneisenau y Blücher –por citar sólo a los más distinguidos–, Clausewitz, cuyo patriotismo se resintió profundamente tras la derrota de Prusia, se concentró en la reforma del ejército prusiano. Las humillantes condiciones de los tratados (i.e. pérdida de casi la mitad del territorio, ocupación de Prusia por el ejército francés hasta que se pagara a Francia una indemnización de guerra) impulsaron a los militares prusianos a buscar mecanismos para superar esa situación de subordinación; entre otros se llegó incluso a considerar la posibilidad de una insurrección nacional. En 1810, Clausewitz fue nombrado profesor de la Berliner Allgemeine Kriegsschule, institución en la que dictó un curso, entre 1810 y 1811, sobre un tema estrechamente relacionado con la guerra de guerrillas: «Meine Vorlesungen über den kleinen Krieg gehalten auf der Kriegs-Schule 1810 und 1811» («Mis lecciones sobre la guerrilla dictadas en la Academia Militar en 1810 y 1811»).[1] En un informe escrito para Gneisenau en septiembre de 1811, consideró Silesia como un posible teatro de guerra para una insurrección popular (*Schriften*, vol. 1, pp. 661-669), y, un año después, redactó un memorial, titulado «Bekenntnisdenkschrift» («Memorial de confesión», en *Schriften*, vol. 1, pp. 681-751), en el que Clausewitz concibe la guerra de guerrillas (*Kleinkrieg*) como un levantamiento popular (*Volkskrieg*) de liberación, y establece el contexto, los objetivos políticos y las tácticas militares de la guerra de guerrillas. Aunque las menciones a España escasean en su obra, Clausewitz conocía perfectamente la rebelión española contra la ocupa-

---

1. En Carl von Clausewitz, *Schriften–Aufsätze–Studien–Briefe. Dokumente aus dem Clausewitz–, Scharnhorst– und Gneisenau–Nachlass sowie aus öffentlichen und privaten Sammlungen*, ed. Werner Hahlweg, vol. 1 (Gotinga: Vandenhoeck & Ruprecht, 1966), pp. 226-558.

ción francesa, a la que dedicó un «Précis de la guerre en Espagne et en Portugal» («Exposición sucinta de la guerra en España y Portugal», 1811) (*Schriften*, vol. 1, pp. 604-611) y, años después, algunos pasajes de *Vom Kriege* (V, 17, pp. 605-606; VI, 6, pp. 636-639; VIII, 3B, pp. 970-971). Esa rebelión popular, unida a la del Tirol (1809), constituyó el punto de referencia básico que inspiró la propuesta de crear una *Landwehr*, o milicia popular, con el objetivo de luchar contra Francia. Siguiendo las recomendaciones de Clausewitz, a principios de 1813 los estados de Prusia oriental formaron una *Landwehr* apoyada por un *Landsturm* –guardia nacional–, y el 16 de marzo Prusia declaró la guerra a Francia. Más interesantes son, para nuestro propósito de comparar en contrapunto a Clausewitz y Goya, las consideraciones sobre la guerra de guerrillas presentes en *Vom Kriege*. En el capítulo 26 del libro VI (titulado «Volksbewaffnung» [«El pueblo en armas»], pp. 799-806), Clausewitz plantea reflexiones seminales sobre el tema, esta vez en el marco de una filosofía de la guerra. Sostiene que los levantamientos populares «en la Europa civilizada» son «un fenómeno del siglo XIX» que «ha de considerarse una consecuencia de la ruptura de las barreras convencionales realizada, en nuestro tiempo, por la violencia elemental de la guerra» (p. 799). Se trata, pues, de un nuevo tipo de guerra. Para Clausewitz, la insurrección popular es «una ampliación y una intensificación de los procesos de fermentación que llamamos guerra» (p. 799); además, «el sistema de requisición, el enorme crecimiento de los ejércitos resultante de dicho sistema y del servicio militar obligatorio, el empleo de milicias populares son cosas que, cuando se han agotado los limitados sistemas militares de antaño, van en la misma dirección, y en esa misma dirección van ahora también el llamamiento a una guardia nacional o el pueblo en armas» (p. 799). Como resulta evidente, el autor, además de entender la guerra de guerrillas como una intensificación de la guerra absoluta, establece una conexión tácita entre la guerra de guerrillas y la disolución de los límites consustancial a la guerra absoluta.

Francisco de Goya representó el tipo de guerra teorizado, por primera vez, por Clausewitz, y su enemistad absoluta constitutiva. Para empezar, nadie escapa de la guerra en los «desastres» de Goya. Soldados y civiles, hombres y mujeres, jóvenes y ancianos participan en los combates de *Los desastres de la guerra*. Manifestación parcial de la guerra absoluta, la guerra de guerrillas disuelve la separación entre los combatientes y la población civil: en

Los desastres de la guerra de Goya, los franceses se enfrentan a un bando rebelde compuesto por civiles (*passim*), por hombres (*passim*), por mujeres (grabados 4, 5, 7, 28), por ancianos (grabado 9). La guerra ha supuesto, asimismo, la erosión de las reglas de convivencia entre los españoles; como es bien sabido, algunos de ellos apoyaron a los franceses, hecho que originó una especie de guerra civil superpuesta a la guerra contra el francés (véanse al respecto los grabados 28 y 29). Ha desaparecido toda mesura en el empleo de la violencia, es una guerra sin cuartel, todo vale en la lucha contra el enemigo. No hay ni rastro de las proporciones épicas de *El dos de mayo de 1808* (*circa* 1814) en unas estampas caracterizadas por un rasgo común: una ferocidad carente de límites, una total falta de piedad con el enemigo. La enemistad absoluta domina en los «desastres» consagrados específicamente a enfrentamientos armados (grabados 2-47). Goya representa combates cuerpo a cuerpo (grabados 2, 3, 4, 5), ahorcados (14, 31, 32, 36), ejecuciones mediante garrote (34, 35), fusilamientos (15, 26, 38), mutilaciones (31, 33, 37, 39), linchamientos (28, 29), castraciones (33), por no hablar de cadáveres amontonados (7, 12, 18, 22) o despojados de su ropa (16, 18, 27). Debido a su condición irregular, el guerrillero no puede esperar justicia ni perdón de un ejército regular que lo considera, precisamente por no pertenecer a ninguno, fuera de las leyes que suelen regular el comportamiento de los militares con sus enemigos. Las guerras de guerrillas se distinguen por su extraterritorialidad con respecto a las guerras combatidas por ejércitos regulares; en los enfrentamientos asimétricos entre guerrillas y ejércitos, predomina la lógica del terror, de la aniquilación del otro (v.g. captura indiscriminada de rehenes, ejecuciones sumarias de prisioneros, represalias criminales contra la población civil, operaciones punitivas de saqueo y exterminio de pueblos enteros).

En *Los desastres de la guerra,* los combatientes actúan poseídos por una erótica de la violencia. Recuérdese a este respecto que uno de los tres componentes de la guerra según Clausewitz, la enemistad, el odio y la violencia, concierne principalmente al pueblo (I, 1, p. 213), y que las cualidades naturales del pueblo movilizado para la guerra son la valentía, la adaptabilidad, la dureza y el entusiasmo (III, 5, p. 363). Fijémonos en el grabado 2. En él se presenta, en términos generales, algo característico de la guerra de la Independencia que no hay que perder nunca de vista, a saber, que los guerrilleros españoles fueron los primeros en luchar de una manera irregular, como nos recuerda oportunamente Carl Schmitt en su *Theorie des Partisanen*, contra el primer ejército regular moderno. De los franceses se destaca, en ese grabado, la pérdida de su individualidad, indicada tanto por su falta de rostro como por su formación simétrica, disciplinada; de los rebeldes se subraya, además de su carencia de armas modernas –sustituidas por una lanza–, su irregular forma de combate, representada a través de la posición de sus cuerpos, y, sobre todo, de su brutalidad primitiva, bestial. La ruptura de los límites se resalta, formalmente, por la falta de proporción entre los combatientes y los civiles del fondo de la composición; la presencia de esas figuras enanas, grotescas, crea una atmósfera de pesadilla. En el grabado siguiente de la serie (3; fig. 1), son los civiles, y no los soldados, los agentes de la violencia, o, mejor dicho, quienes llevan a cabo la matanza poseídos por la violencia. Nótese la desesperación del campesino que empuña un hacha; está a punto de matar a un húsar aterrado, pero no lo mira. Sus ojos, completamente abiertos, apuntan con asombro a un ángulo exterior al mismo grabado: su mirada es la mirada desesperada de un poseso; la voluntad del campesino ha sido transferida al arma; ahora, el campesino no puede hacer otra cosa que seguir la voluntad del hacha: asesinar al húsar, cumpliendo así lo que Rafael Sánchez Ferlosio ha denominado «fatalidad sintética» en su ensayo «Cuando la flecha está en el arco, tiene que partir».[2] Algo parecido podría decirse, dicho sea de paso, del grabado 28, si bien en este caso la víctima no es un francés, sino un español.

La desaparición de una clara línea divisoria entre la justicia y la injusticia en los actos violentos representados por Goya se extiende en dirección a la ética y su relación con la estética de toda la serie. En ocasiones, se tiene la impresión de que la estética congela, por así decirlo, las valoraciones éticas, fenómeno por lo demás característico del arte y la literatura en los que se representan experiencias abismales, como la misma guerra o el holocausto nazi. El grabado 36 (fig. 2) condensa esa ambigüedad. Obsérvese la postura y la mirada del húsar reclinado en una piedra contemplando el cadáver de un ahorcado, reveladoras ambas de distancia e interés estéticos. No es el único personaje absorto en la contemplación estética de un acto atroz: en el grabado 33 (fig. 16), analizado más adelante, hay un soldado que mira, con curiosidad, la mutilación de una víctima. La representación del

---

2. Recogido en *Sobre la guerra* (Barcelona: Destino, 2007), pp. 77-114.

placer estético que sienten los ejecutores de la violencia convierte esos grabados en *mises en abîme* de la situación pragmática de *Los desastres de la guerra*: de modo paralelo a los húsares, nosotros contemplamos y admiramos la extraordinaria calidad de unos grabados que, en definitiva, representan acciones condenables. En tanto que espectadores, nos posicionamos no con la víctima, sino con el ejecutor. La contemplación de esa erótica de la violencia suscita placer estético. Admirar obras como *Los desastres de la guerra* puede conducir a la suspensión de todo juicio ético y generar una especie de inmunidad ante la barbarie.

Aunque su punto de referencia es, como se indica en el título original de la serie, la «sangrienta guerra en España con Bonaparte», *Los desastres de la guerra* presentan, de manera simultánea, un nuevo tipo de guerra más allá de un momento histórico concreto y, como se verá, de la representación. Es llamativa la indeterminación de lugar de todas las escenas de *Los desastres de la guerra*, aspecto recursivo de la serie comentado por la crítica especializada. La guerra y sus consecuencias acaecen en el campo (v.g. grabados 6, 8, 9, 15, 16, 17, 18, 20), en interiores domésticos (30), en pueblos o ciudades (v.g. 11, 13, 56, 57) y en sus afueras (v.g. 22, 24), incluso en no-lugares, esto es, en ámbitos abstractos sin indicadores espaciales de tipo alguno (v.g. 2, 3, 4, 5, 7, 10, 12, 59); pero en ninguno de ellos se proporcionan indicios suficientes para correlacionar esos lugares con localidades extradiscursivas. No hay propiamente retaguardia; el «hogar» se transforma en *home front*. En *Los desastres de la guerra*, la guerra abarca un espectro espacial amplio, ilimitado, y transforma completamente la estructura y las funciones habituales de los lugares. Las características intrínsecas y la táctica militar de los grupos guerrilleros producen un espacio bélico hasta entonces desconocido. Clausewitz intuyó esa particularidad al referirse repetidamente a la estrecha conexión entre la guerra de guerrillas y el territorio en que se desarrolla (*Vom Kriege*, V, 17, p. 605; VI, 16, pp. 718-719). Una de las particularidades de ese tipo de guerra es, por decirlo con palabras de José María Jover Zamora y Carl Schmitt, su carácter «telúrico» (véase al respecto *Theorie des Partisanen, passim*). La hostilidad del guerrillero es inseparable de la defensa de su territorio, o de un territorio considerado como propio, rasgo recurrente en la historia de los partisanos, desde los guerrilleros españoles, tiroleses y rusos de las campañas napoleónicas, hasta los talibanes (opuestos a la presencia de las tropas extranjeras que invadieron Afganistán en 2001) y la resistencia iraquí a la ocupación angloamericana (iniciada en 2003), grupos insurgentes, en ambos casos, compuestos por combatientes nativos y voluntarios extranjeros. Uno de los aspectos singulares de la guerra de guerrillas reside en la manera de defender el territorio. Clausewitz observó que la defensa de un lugar puede ser de dos tipos: el «absoluto», si de lo que se trata es de no ceder ni un palmo de territorio, y el «relativo», en el caso de que se decida defender el lugar solamente por un determinado período de tiempo (IV, 5, p. 438). La inexistencia de frentes declarados o fijos, la clandestinidad bajo la que operan los partisanos, la movilidad de las fuerzas guerrilleras por vastas extensiones de territorio, la labilidad inherente a la estructura formada por los guerrilleros y la población civil (conversión de civiles en combatientes, apoyo decidido o intermitente de la población a los guerrilleros, ocasional participación guerrillera de no combatientes, etc.), el rechazo a luchar en campos de batalla abiertos y la preferencia por terrenos montañosos –a la que el propio Clausewitz se refirió repetidamente–, el continuo hostigamiento a las fuerzas enemigas así como la invisibilidad del guerrillero son factores que reformulan la gramática y el sentido de los lugares. De ahí que debamos hablar de una nueva producción de espacio, hoy día de dimensiones planetarias al haberse extendido el fenómeno guerrillero por todo el mundo. Lo ha expresado Schmitt en *Theorie des Partisanen* con una bella imagen: el partisano «siempre representa un trozo de tierra pura, es uno de los últimos centinelas de la tierra».[3] A todo eso se refiere Goya al no otorgar una clara referencialidad a los espacios de sus grabados.

Atribuir realismo a *Los desastres de la guerra*, como han hecho varios críticos, es, por todo lo dicho, cuestionable. La indeterminación espacial hace que *Los desastres de la guerra* sean mucho más que el reflejo de una realidad histórica concreta, y que se ubiquen en un locus transhistórico, tanto por lo que respecta a la posterior tradición artística, como por lo que cumple al tipo de guerra en ellos representada. Esa doble operación refleja algo fundamental de la guerra absoluta: su carácter total, o, por decirlo de otro modo, una geometría cuya gramática consiste, básicamente, en un doble proceso de desterritorialización y reterritorialización; desterritorialización porque los espacios, la red de circuitos entre los lugares y los flujos humanos abandonan el modo de funcionamiento que

---

3. Carl Schmitt, *Teoria del partisà. Observacions incidentals sobre el concepte d'allò que és polític,* trad. Clara Formosa, ed. Eugenio Trías (Barcelona: La Esfera de los Libros, 2004), p. 106.

les es propio; y reterritorialización porque la guerra absoluta reorganiza y confiere nuevos sentidos a un conjunto espacial de una amplitud hasta entonces –como vimos antes a propósito de Clausewitz– desconocida. Acaso sean los grabados 41, 42, 43, 44 y 45 los que mejor representan ese doble proceso. Todos ellos, en especial en los grabados 44 y 45 (fig. 3), muestran una escena repetida en conflictos armados del siglo XX: la huida de una aterrada población civil, el abandono de hogares que han dejado de serlo. Expulsado por la guerra de su locus habitual, el ser humano se convierte en un nómada sin espacio propio; su sol es –por parafrasear el título de un precioso libro de Claudio Guillén sobre el exilio– el «sol de los desterrados». En *Los desastres de la guerra*, la guerra y sus figuras están en todas partes y, en consecuencia, en ninguna parte en particular. Con la intrusión de la guerra absoluta, los lugares pasan a ser heterotopías, lugares absolutamente otros relacionados con el resto de un modo tal que invierten el conjunto de relaciones designadas o reflejadas en ellas. La huida, producto de la guerra, es, a su vez, productora de espacio. Los nuevos itinerarios conducen a reubicaciones que reconfiguran y redefinen los lugares donde se asienta la población desplazada. Los grabados de Goya prefiguran la iconografía de una producción de espacio muy común en el siglo XX (véase al respecto, por poner un solo ejemplo de diálogo intertextual con Goya, la litografía de Théophile-Alexandre Steinlen titulada *L'exode belge* [«El éxodo belga»], 1917; fig. 4).

Ruptura del límite, ámbito difuso del abismo, la guerra absoluta trasciende el marco de su representación, modificando las reglas tradicionales de la mirada artística vigentes desde el Quattrocento. Dicha mirada –nos recuerda Foucault en su ensayo sobre Manet– enmascaraba la bidimensionalidad de lo representado en el cuadro con el fin de crear la ilusión de tridimensionalidad; «se trataba de hacer olvidar al espectador», escribe el filósofo, «que la pintura descansaba sobre una superficie más o menos rectangular de dos dimensiones» frente o en torno a la cual el espectador podía desplazarse y contemplar desde cualquier ángulo.[4] Foucault sostiene que Manet inventó el cuadro-objeto; el gran pintor francés resaltó «las propiedades, las cualidades o las limitaciones materiales del lienzo, que de alguna manera la pintura, o la tradición pictórica, había tratado de eludir o de velar hasta el momento» (p. 14). Goya llevó a cabo

---

4. Michel Foucault, *La pintura de Manet*, trad. Roser Vilagrassa (Barcelona: Alpha Decay, 2005), pp. 12-13.

una operación similar a la de Manet. La disolución de los límites intrínseca de la guerra absoluta se proyecta en la técnica de encuadramiento de los «desastres» 15 (fig. 5) y 26 (fig. 6). Goya borra los límites entre lo interior y lo exterior, entre lo representado y su percepción. En el grabado 15 se representan varios fusilamientos. En el fondo de la composición vemos el momento mismo en que se fusila a un condenado a muerte; la posición de su cuerpo, así como el hecho de que los soldados del pelotón todavía estén apuntando a la víctima indican, elocuentemente, la casi instantaneidad del acto de disparar (los soldados), morir (la víctima) y observar (los espectadores). Esta escena refleja lo que va a pasar con la figura del primer plano, todavía viva; de esta manera, hay una acción consecutiva; aunque son dos situaciones distintas, la del fondo es una proyección temporal de lo que sucederá en la que aparece en primer plano. Pero en este caso, y a diferencia de la escena del fondo, los soldados están situados fuera, y no dentro, del marco del grabado; de los soldados sólo podemos ver los cañones de sus fusiles. El pelotón de fusilamiento se encuentra en el espacio del espectador. Los soldados y los espectadores, situados en el mismo plano, contemplan, desde fuera del grabado, a la víctima, lo cual convierte a los espectadores en cómplices pasivos de la acción representada. Goya sitúa a los soldados en el espacio tridimensional del espectador. El fusilamiento múltiple se inicia en el exterior del grabado y se reproduce en su interior. Esa desaparición del límite, que a su vez implica una ruptura con la tradición artística hegemónica a partir del Renacimiento, no es solamente espacial, sino también temporal puesto que proyecta la acción hasta nuestro presente histórico. La transhistoricidad de la guerra absoluta, o, si se prefiere, su *longue durée*, puede por lo tanto verse perfectamente en este grabado. Pasado y presente se funden y se dan la mano. Si en términos espaciales el segundo fusilamiento proyecta el primero, por lo que respecta al tiempo el fusilamiento del centro del grabado une el pasado con el presente de la percepción debido a la localización de los soldados en la misma dimensión espacial que la del espectador. De la guerra de la Independencia se pasa a nuestro presente sin solución de continuidad. Advertencia y premonición, Goya coloca la guerra absoluta en nuestra temporalidad, como si también el tiempo hubiera perdido sus límites habituales a causa de la guerra absoluta. La corta duración de una expresión de la guerra absoluta se transforma en una larga duración. Lo mismo podría decirse del grabado 26. Las nueve bayonetas están en el campo de lo representado, pero no los soldados a punto de matar a los civiles. La leyenda del grabado 26 («No se puede mirar») es, bajo esta perspectiva, irónica: a pesar del rechazo que provoca la escena representada, nosotros la contemplamos, seguramente con admiración estética. Los soldados y los espectadores no respetan el «no se puede mirar», ya que unos y otros miran, en una doble distancia asesina y estética, a quienes están a punto de ser ejecutados. Matar y mirar son, aquí, dos operaciones muy similares. La localidad de la guerra absoluta y su transtemporalidad se reflejan, en definitiva, en la misma textura artística: la disolución de los límites se realiza, también, al subvertirse la técnica de encuadramiento tradicional.

La transtemporalidad de la guerra absoluta representada por Goya puede ejemplificarse comparando el grabado 37 (fig. 7) con *Attaque du Chemin des Dames* («Ataque del Chemin des Dames», 1917; fig. 8), dibujo hecho a tinta por Luc-Albert Moreau, con la fotografía de Robert Capa *Teruel, frente de Aragón, 21-24 de diciembre de 1937* (1937; fig. 9), y, finalmente, con un cuadro sin título (*circa* 1974; fig. 10) de Masato Yamashita sobre Hiroshima. En estas obras tenemos cuatro de los enfrentamientos armados más importantes de la modernidad: las guerras napoleónicas (Goya), la primera guerra mundial (Moreau), la guerra civil española (Capa) y la segunda guerra mundial (Yamashita). Además, en estas obras se representan escenas casi idénticas: un hombre muerto en la copa de un árbol en las tres primeras, y el cadáver calcinado de un niño unido por los pies al tronco de un árbol en el cuadro de Yamashita. Son, sin duda, imágenes sobrecogedoras. El poder afectivo de esas obras reside en buena medida en el empleo que hacen de uno de los símbolos tradicionales más ricos y extendidos. Dentro de su notable variedad semántica, el símbolo «árbol» se articula alrededor de dos sentidos básicos. En primer lugar, el árbol connota la vida del cosmos; gracias a la capacidad evocadora de su verticalidad y de su crecimiento, simboliza la vida en perpetuo desarrollo y el carácter cíclico de la evolución del universo; es, por ello, una *imago mundi*. En segundo término, el árbol se concibe como un *axis mundi* debido a su enlace con los tres niveles del cosmos: en contacto permanente con la superficie de la tierra, sus raíces se hunden en las profundidades del mundo subterráneo mientras sus ramas se elevan al cielo. Las obras de Goya, Moreau, Capa y Yamashita dialogan con esa doble tradición: son, de manera simultánea, imagen de un mundo en descomposición y eje de un universo dominado por la muerte. Por añadidura, las tres primeras obras nos remiten a la tradición judeo-cristiana. El árbol de la vida, índice de la sabiduría divina y anunciador de la salvación mesiánica, se ha metamorfoseado en un árbol de la muerte sin poder regenerador. Comparado por Orígenes con un árbol, Jesús murió en la cruz, pero ese árbol de la muerte se transformó en árbol de la vida gracias a la redención. Nada de eso sucede en las obras de Capa, Goya y Moreau. En tanto que *axis mundi*, sus árboles son sinécdoques de una tierra baldía e inhóspita dominada por la violencia. Superpuesta a ese nivel simbólico figura la relación intertextual entre los árboles de esos tres artistas y el árbol de Jesé (Isaías 11: 1-3):

1. Y brotará un retoño del tronco de Jesé y retoñará de sus raíces un vástago.
2. Sobre el que reposará el nombre de Yavé, espíritu de sabiduría y de inteligencia, espíritu de consejo y de fortaleza, espíritu de entendimiento y de temor de Yavé.
3. Y su respirar será en el temor de Yavé. No juzgará por vista de ojos, ni argüirá por oídas de oídos.

(Biblia católica de Nácar-Colunga, 1944.)

En la mística cristiana, el árbol de Jesé simboliza la Virgen María, Cristo y los cristianos, el Cristo crucificado y la Iglesia –descendiente de María y de Cristo–. En los siglos XII y XIII, será uno de los motivos dilectos de miniaturistas y vidrieros; las miniaturas de los códices de la abadía de Citeaux anteriores al primer tercio del siglo XII y una vidriera de la catedral de Chartres (*circa* 1150) son sólo dos ejemplos de los muchos que se podrían aportar. Georges Braque retomaría ese motivo cristiano en una vidriera que diseñó para la iglesia de Varengeville. En contraste con esa tradición, de los árboles representados por Moreau, Capa y Goya sólo brotan cadáveres. La inversión del mito bíblico queda aún más patente si se comparan esas obras con un fresco de Giovanni da Modena, titulado *Misterio de la Caída y la Redención del Hombre*, en la iglesia de San Petronio de Bolonia; en él se representa a Cristo crucificado en el mismo árbol del Paraíso que causó la Caída del hombre. El cuadro de Yamashita, que, obviamente, no pertenece a la tradición judeo-cristiana, visualiza, sin embargo, algo muy parecido: el cadáver calcinado del niño, con los brazos extendidos hacia el cielo, está unido por los pies a un árbol también quemado por la bomba atómica, como si ese cadáver fuera una rama desprendida del árbol. Podría decirse que las cuatro obras en cuestión representan, mediante su común inversión de mitos tradicionales y su singular similitud, una escena concreta del mismo tipo de guerra en su *longue durée*: la guerra absoluta.

III

4
LÓGICA Y DIALÉCTICA
DE LA GUERRA ABSOLUTA

Uno de los rasgos distintivos de *Vom Kriege* es su concepción histórica de la guerra. Clausewitz argumenta repetidamente que las guerras no sc entienden si se abstraen de sus circunstancias históricas. Esta forma de concebir el objeto de estudio, en parte debida a las enseñanzas de su maestro, mentor y amigo, el general Scharnhorst, distingue *Vom Kriege* de los tratados sobre guerra escritos en Europa (v.g. los de Frontino, Vegetius, Honoré Bonet, Christiane de Pisan, Grotius, Montecuccoli y Vauban), centrados en la discusión en sincronía de áridas cuestiones técnicas. En *Vom Kriege* no se proporciona, sin embargo, una cumplida historia de la guerra; además, los ejemplos para explicar conceptos teóricos, problemas técnicos o cuestiones de táctica y estrategia militar proceden en su gran mayoría de las guerras del siglo XVIII y de las campañas napoleónicas. Sólo en una ocasión ofrece el autor una sucinta historia de la guerra (VIII, 3B, pp. 962-973), en la que se repasa la guerra en su historia siguiendo una secuencia cronológica lineal: los Tártaros, los pueblos de la Antigüedad, Alejandro Magno, Roma, las monarquías medievales, los *condottieri* de las ciudades comerciales y pequeñas repúblicas italianas de la Edad Media, la guerra de los Cien Años, las de los Reyes Católicos y Carlos V, las del siglo XVIII y, por último, las napoleónicas. En armonía con su historicismo, Clausewitz sentencia que los tártaros, los señores feudales, los reyes del siglo XVIII y los gobiernos del siglo XIX usaron sus propios métodos para conseguir objetivos distintos en cada caso. La sinopsis de historia de la guerra ofrecida por Clausewitz no se reduce a una mera sucesión de unidades discretas. Así, Clausewitz habla de la «gradual» transformación del sistema feudal (p. 964), basada en la sustitución del servicio personal por la contratación de mercenarios; del papel «transicional» de los *condottieri* (p. 964); y de la «lenta evolución», desde el ocaso de la Edad Media, hacia la constitución de un ejército mercenario permanente (p. 964); en el siglo XVIII «alcanzó su punto álgido» la presencia de ejércitos permanentes: merced a una administración «progresivamente» más sofisticada, el poder de los Estados, en el siglo XVIII, adquirió grandes proporciones «si se comparan con períodos anteriores» (p. 966). En el Siglo de las Luces, escribe Clausewitz,

«El saqueo y la devastación del territorio enemigo, que desempeñaron un papel tan importante en la Antigüedad, en tiempos de los tártaros e incluso en la Edad Media, dejaron de estar en consonancia con el espíritu de la época; se vio como una barbaridad innecesaria, que fácilmente podía ser vengada, que dañaba más a los sujetos enemigos que a sus gobiernos, y por lo tanto como algo ineficaz que sólo servía para contener el progreso de la civilización. La guerra se restringió cada vez más a las fuerzas armadas, no solamente en cuanto a sus medios, sino también por lo que respecta a sus objetivos. El ejército, con sus fortalezas y posiciones, vino a ser un Estado dentro de un Estado en el que la violencia guerrera se fue debilitando gradualmente . Toda Europa se alegró ante semejante evolución, que se consideró como un resultado inevitable del progreso del espíritu» (VIII, 3B, p. 969).

Pero esta percepción de la guerra es, puntualiza Clausewitz, errónea; muy pocos se dieron cuenta de que con fuerzas superiores se podían conseguir resultados positivos (p. 970). Francia sería el primer país en aplicar ese principio a partir de la *levée en masse* decretada en agosto de 1793.

En la sinopsis de Clausewitz, la historia de la guerra en Europa se divide en tres fases: la Edad Media (ejércitos constituidos por vasallos de los señores feudales y de los reyes), un largo período que abarca los siglos XVI, XVII y XVIII (ejércitos permanentes de mercenarios) y, por último, la etapa inaugurada por la Revolución Francesa (ejércitos formados por ciudadanos libres llamados a filas por el Estado). Este tercer período significó la actualización empírica de la esencia de la guerra, y, teniendo en cuenta la forma en que se realizó (i.e. participación del pueblo en los asuntos de la nación), ha de considerarse como el final de un proceso dialéctico compuesto por una tesis, el servicio personal a señores feudales, su antítesis, constituida por el pago monetario a mercenarios, y el momento de síntesis, consistente en el *servicio* militar *obligatorio* (residuo medieval) y *remunerado* (herencia de los ejércitos permanentes de mercenarios) de los ciudadanos varones al Estado. Puesto que en la tercera etapa, precisamente por esa síntesis de servicio al y remuneración por el Estado, aparece en la empiria la guerra absoluta, no es desencaminado comparar ese movimiento dialéctico con el idealismo de Hegel, para quien el Estado, como se recordará, es el locus donde se realiza plenamente el espíritu objetivo. En términos hegelianos, la guerra absoluta no es una entidad, sino la constitución intrínseca de las guerras reales. En rigor, la guerra ha sido siempre «absoluta»; su historia es el desarrollo dialéctico de dicha esencia hasta alcanzar su auto-realización; con la aparición, en la empiria, de la guerra absoluta, la guerra llega a ser lo que ya era. Hay, en este sentido, una indudable similitud entre la «guerra absoluta» de Clausewitz por un lado, y el «espíritu absoluto» y la «idea absoluta» de Hegel por otro, si bien con un matiz diferencial importante: Clausewitz no piensa que la guerra absoluta realizada por Napoleón sea, por fuerza, el último estadio de la historia de la guerra; debido precisamente a los condicionantes históricos de la guerra, hemos de entender que en casos determinados la guerra se conducirá con objetivos políticos muy concretos y sin la brutalidad peculiar de la guerra en su grado absoluto.

En apariencia, el libro VIII armoniza la fenomenología de la guerra practicada en el libro I con la concepción histórica de la misma expresada en el resto de la obra. Una mirada atenta revela, no obstante, que la auto-realización de la guerra conlleva una erosión del rigor metodológico y teórico de *Vom Kriege*. La amplitud, el casi ilimitado despliegue de hombres y recursos, la expansión espacial de los frentes, la ferocidad y la falta de controles políticos y éticos sólidos y determinantes en la guerra absoluta dificultan, cuando no impiden, su racionalización. Explicar, de modo coherente y consistente, ese tipo de guerra es un reto a la razón. A Clausewitz le cuesta probar de forma convincente que la guerra absoluta forma parte de la actividad política. En algunos pasajes, afirma que durante las guerras napoleónicas se «alcanzó» (*hat* [...] *erreicht*) el grado absoluto de la guerra (III, 16, p. 407); en otros asegura, en cambio, que en las campañas napoleónicas la guerra «se ha aproximado mucho» (*hat* [...] *sich sehr genähert*) a su naturaleza absoluta (VIII, 3B, p. 972). En el segundo caso, la guerra pertenece a la lógica de la política, pero no en el primero. Esta inconsistencia se podría atribuir al carácter inacabado del libro; Clausewitz todavía no había terminado *Vom Kriege* cuando le sorprendió la muerte en 1831 –año, por cierto, en que también murió Hegel– al contraer –al igual que Hegel– el cólera. Pero ese hecho no elimina, obviamente, la inconsistencia. Aunque en el capítulo 6B del libro VIII asegura que la guerra cuenta con su gramática, pero no con su lógica, ya que ésta viene determinada por la política, Clausewitz introduce algunas observaciones para matizar esa tesis, como si no estuviera totalmente claro para él que la guerra carece de lógica propia. El filósofo prusiano constata que, para algunos, la guerra es una actividad divorciada de la política; en tal caso, «se desgarran los hilos que enhebran la relación [entre la guerra y la política], y nos quedamos con algo inútil y sin sentido» (VIII, 6B, p. 991). El problema reside, en consecuencia, no en la total incorrección de esa percepción de la guerra, sino más bien en el hecho de que, si fuera correcta, la guerra sería una actividad humana carente de sentido y se situaría, por ello, fuera del alcance de la hermenéutica y de la teoría; eso supondría el tácito cuestionamiento de la tarea emprendida por Clausewitz en *Vom Kriege*: la elaboración de una teoría unificada de la guerra. Resulta sintomático que, a continuación de la cita anterior, el autor engaste un pasaje autorreferencial sobre la necesidad de adoptar un *único punto de vista* para la comprensión racional de los fenómenos; podría decirse que Clausewitz, consciente acaso de los problemas teóricos derivados de la auto-realización de la guerra absoluta, quiere enfatizar la consistencia racional de su concepto: «No hay nada tan importante en la vida como encontrar el punto de vista adecuado para comprender y juzgar las cosas, y luego retenerlas. Porque sólo desde un único punto de vista podemos comprender la medida de los fenómenos en su conjunto; y sólo la exclusividad del punto de vista puede protegernos de las contradicciones» (VIII, 6B, p. 992). No es muy persuasiva su formulación sobre el papel regulador de la política. Clausewitz insiste en que «esa manera de ver las cosas se hace doblemente imprescindible si consideramos que la guerra real no es un empeño tan consecuente dirigido hacia lo extremo como lo debería ser según su concepto, sino como algo intermedio, una contradicción en sí, que por eso no puede seguir sus propias leyes sino que debe verse como parte de una totalidad diferente, siendo esa totalidad la política» (VIII, 6B, p. 991).

La relación entre política y guerra suele ser, en *Vom Kriege*, unidireccional: la política determina casi siempre la guerra, y no al revés. En dicha relación no hay «fricción», concepto desarrollado por el autor en el capítulo 7 del libro I (pp. 261-264). No obstante, la historia de la guerra demuestra lo contrario. Una vez empezada, la guerra sigue su propia gramática. Los Estados Mayores intentan controlar y dirigir dicha gramática, pero eso no significa obviamente que lo consigan siempre, ni que sus decisiones no afecten a la lógica de la política.

Lógica y dialéctica de la guerra absoluta

Un rápido examen de las guerras modernas demuestra que la gramática del campo de batalla regula la lógica de las decisiones políticas. La primera guerra mundial, determinada por la lógica perversa de pactos políticos entre las potencias europeas, se desarrolló de tal manera que la gramática bélica invirtió la relación jerárquica entre política gubernamental y conducción de la guerra: fue esta última el elemento dominante de la estructura binomial. La fricción afecta, por un lado, a la dirección política de la guerra, y, por otro, a la cadena de eventos que vincula la acción militar con la política. Foucault ha escrito que la política «es la continuación de la guerra con otros medios», ya que el mecanismo del poder es, fundamentalmente, la represión; esto significa tres cosas: (i) las relaciones de poder se sustentan en una relación de fuerzas establecida en la guerra y por la guerra; (ii) en el interior de la vida civil las luchas políticas, los enfrentamientos a propósito del poder y las modificaciones de las relaciones de fuerzas en el marco del sistema político han de interpretarse como episodios y desplazamientos de la guerra; y (iii) la decisión final sólo puede proceder de la guerra.[1] Pero esa inver-

---

1. Michel Foucault, «Cours du 7 janvier 1976», en *Dits et écrits, 1954-1988*, ed. Daniel Defert y François Ewald, vol. 2, Quarto (París: Gallimard, 2001), pp. 171-172.

sión del *dictum* de Clausewitz no es suficiente para entender la fricción entre la guerra y la política, particularmente en el siglo XX, momento histórico en el que podría decirse que la guerra determina las actividades de la sociedad civil. No le falta razón a Paul Virilio cuando sostiene que, a partir de la economía de guerra instaurada en la primera guerra mundial, las actividades civiles de los países occidentales han sido determinadas por la «guerra pura», por unos procesos militares, políticos, industriales y científicos interrelacionados que funcionan por sí mismos, supeditando a tal funcionamiento las acciones de los seres humanos.[2]

En resumen: Clausewitz no considera, en principio, que la guerra absoluta pueda condicionar la vida política hasta el punto de destruirla; en ocasiones, no obstante, parece apuntar a lo contrario: en semejante caso, la guerra posee, además de su gramática, su propia lógica. Es cierto que no se ha de perder de vista el horizonte histórico de Clausewitz; el planteamiento y desarrollo de sus tesis estuvo necesariamente condicionado por los ejemplos disponibles, en cierto modo insuficientes para explicar con coherencia la guerra absoluta.

---

2. Paul Virilio y Silvère Lotringer, *Pure War*, pp. 27, 92, 164, 171 y *passim*.

Aun y así, Clausewitz intuyó, a su manera, las consecuencias teóricas derivadas de la auto-realización de la guerra absoluta, a la que se refiere desde un buen principio; en el capítulo 1 del libro I, escribe que «Cuanto más grandiosos y poderosos sean los motivos de la guerra, cuanto más impliquen éstos a la totalidad de las naciones beligerantes, cuanto más violentas sean las tensiones entre ellas, más se acercará la guerra a su forma abstracta, más importante será la destrucción del enemigo, más se aproximarán los objetivos militares y los objetivos políticos, y la guerra aparecerá más en su pureza militar que en su dimensión política» (pp. 211-212). Al final de *Vom Kriege*, poco le falta a Clausewitz para conceder que la guerra absoluta no está subordinada a un factor extrínseco, la política. Clausewitz encuentra inconcebible que la actividad política pueda desaparecer por completo en una guerra, «a no ser que el puro odio convirtiera las guerras en una lucha a vida o muerte» (VIII, 6B, p. 993). Pero eso es exactamente lo que sucedió en la guerra de la Vendée –se calcula que sólo en 1793-1794 perdieron la vida entre 220.000 y 250.000 personas– y en la guerra de la Independencia –cuyo coste humano Ronald Fraser estima entre 215.000 y 375.000 desaparecidos, sumando a los muertos el número aproximado de personas que habrían nacido en España de no haber sido por la guerra–,[3] más allá de los motivos políticos que desencadenaron ambos conflictos. La inconsistencia del argumento de Clausewitz es a todas luces evidente: si la guerra «absoluta» es incondicionada, no puede dejar de serlo cuando se convierte en una forma de guerra real; de lo contrario no sería «absoluta», «pura», algo «en sí mismo». Si nos atenemos estrictamente a la naturaleza incondicionada de la guerra absoluta, lo único que puede hacer el teórico es describir la estructura y el funcionamiento de su lógica intrínseca sin considerar factores externos. Como en teoría la guerra absoluta carece de exterioridad, en su auto-realización se sitúa en una zona crepuscular, en un locus ajeno a las relaciones políticas habituales, en un espacio de incertidumbre epistemológica y ética apenas comprensible. Mantener el carácter incondicionado de la guerra absoluta en su auto-realización equivaldría a reconocer que, en ciertos casos, la guerra impone su lógica –y no sólo su gramática– a todas las actividades de la sociedad beligerante, algo que Clausewitz no está dispuesto a admitir.

3. Ronald Fraser, *Napoleon's Cursed War. Popular Resistance in the Spanish Peninsular War* (Londres y Nueva York: Verso, 2008), pp. 476-481, 513-521.

La guerra absoluta cuestiona los modelos discursivos y epistemológicos desplegados para su comprensión. Una representación de espacio como la de *Vom Kriege* tiene la compleja tarea de proporcionar códigos y conocimiento sobre algo que los desafía. Toda representación de espacio, precisamente porque permite hablar acerca de prácticas espaciales materiales, está determinada por el lenguaje y la lógica de la razón; las representaciones de espacio son espacios «concebidos» y tienden «hacia un sistema de signos (por lo tanto intelectualmente elaborados) verbales».[4] Como otros tratados militares (v.g. *El arte de la guerra, circa* 400 a.C., de Sun Tzu; *Geist des neuen Kriegssystems* [«Espíritu de los nuevos sistemas de guerra»], 1799, de Adam Heinrich Dietrich von Bülow), el de Clausewitz resalta la trascendencia del territorio en las campañas militares, fenómeno especialmente significativo en su tiempo, pues «las peculiaridades de la topografía y el terreno afectan, hoy más que nunca, a la actividad militar» (VI, 2, p. 621). El vínculo estructural entre territorio y guerra, así como su mayor importancia a finales del siglo XVIII y principios del XIX, obligan a Clausewitz a consa-

---

4. Henri Lefebvre, *La Production de l'espace*, 4ª ed. (París: Anthropos, 2000), pp. 48-49.

grarles una atención especial. Clausewitz dedica muchas páginas a la discusión de cuestiones espaciales, tales como el centro de gravedad de un ejército, el teatro de guerra, la base de operaciones, las líneas de comunicación, las fortalezas, las posiciones defensivas y fortificadas, la guerra defensiva en las montañas, y la defensa de ríos, arroyos, pantanos y bosques. La relación entre el territorio y la guerra es un «*factor permanente*» y su importancia es «*decisiva en grado sumo* porque afecta a las operaciones de todas las fuerzas, y en ocasiones las altera por completo» (I, 3, pp. 246-247). A diferencia de otras actividades relacionadas con el territorio –minería, construcción, cultivo–, en las operaciones militares no se puede hacer nunca un reconocimiento completo del terreno (I, 3, p. 247). Ese carácter único de las prácticas espaciales militares exige del comandante un «sentido de lugar» (*Ortsinn*), capacidad especial para «*adquirir rápidamente una representación geométrica correcta de la topografía de cualquier lugar* que permite [al comandante] orientarse con facilidad en todo momento» (p. 247). Clausewitz arguye que ese don es un acto de la imaginación, y concluye que «en verdad, las cosas se perciben en parte por el ojo y en parte por la mente», pero sólo con la imaginación se logra que el conjunto de las cosas se presente «vívidamente al alma, impreso internamente como una pintura, como un mapa» (pp. 247-248). Por esa razón, para el comandante el espacio oscila entre lo «percibido» (representaciones de espacio) y lo «imaginado» (espacios de representación). El problema radica en la traslación de esa alternancia al lenguaje del tratado militar. Los tratados militares sólo pueden describir y analizar de manera adecuada lo percibido. El análisis o la descripción de lo imaginado es algo más arduo, pues el estudioso que lo emprende corre el riesgo de caer en el psicologismo, en la especulación sin base empírica. Los ensayos sobre la guerra prefieren enfocarse en el espacio percibido. Si bien Georg Heinrich von Berenhorst, en sus *Betrachtungen über die Kriegskunst* («Observaciones sobre el arte de la guerra», 1796-1799), ya había enfatizado la irracionalidad y la imprevisibilidad de la guerra debidas a la dificultad de prever el comportamiento y el estado de ánimo de los comandantes y sus tropas, una de las aportaciones más originales de *Vom Kriege* radica en la importancia que su autor confiere a la repercusión de los factores psicológicos en el planeamiento y en la conducción de la guerra. Curiosamente, Clausewitz experimenta esa tensión entre lo percibido y lo imaginado, característica del comandante, cuando habla de la guerra absoluta. En *Vom Kriege*, lo percibido y lo imaginado se entremezclan tan pronto la guerra absoluta se auto-realiza. *Vom Kriege* se mueve entre lo imaginado (la guerra absoluta como constructo teórico, como algo en sí mismo) y lo percibido (la guerra absoluta como práctica guerrera durante las campañas napoleónicas). Clausewitz prioriza el segundo factor, decisión metodológica casi inevitable en una representación de espacio.

5

ARTE DE LA GUERRA Y GUERRA DEL ARTE

Espacios de representación, invenciones de la imaginación, los grabados de Goya exceden las limitaciones inherentes a la racionalización de la guerra absoluta debido a las reglas intrínsecas del discurso artístico. En cierto sentido, los espacios de representación disponen de recursos más eficaces para imaginar y comunicar la guerra absoluta y sus *loci* que las representaciones de espacio. Al no estar obligado a seguir la lógica del pensamiento racional, el artista tiene mayor libertad que el filósofo en lo que concierne al tratamiento de ciertos temas. Las guerras napoleónicas establecieron las condiciones de posibilidad para la articulación, por primera vez en Europa, de una auténtica filosofía de la guerra y, de manera casi simultánea, de una forma radicalmente nueva de representar la guerra. En *Los desastres de la guerra*, el desafío de la guerra absoluta a la razón, motivo de los puntos de fuga en *Vom Kriege*, moldea la textura artística de los grabados. Antes de 1810, los artistas habían representado la guerra con los lenguajes de la alegoría (Hans Holbein el Joven, *Totentanz XLII: Der Soldat* [«Danza de la muerte XLII: El soldado»], *circa* 1523-1526; Albrecht Dürer, *Apokalypse* [«Los cuatro jinetes del Apocalipsis»], 1496-1498), de la mitología clásica (Pieter Paul Rubens, *Los horrores de la guerra*, 1637), del carnaval (Pieter Brueghel el Viejo, *La batalla por el dinero*, *circa* 1523-1525), del realismo (Jacques Callot, *Les Misères et les malheurs de la guerre* [«Las miserias y desgracias de la guerra»], 1633) y de lo sublime (Jacques-Louis David, *Le Serment du Jeu de Paume* [«El juramento del Jeu de Paume»], 1791; Antoine-Jean Gros, *Bataille d'Aboukir, 25 juillet 1799* [«La batalla de Aboukir, 25 de julio de 1799»], 1806). Pero nunca se había asumido, formalmente, la naturaleza de la guerra. Goya traspuso la violencia, la irracionalidad y la incomprensibilidad de la guerra al lenguaje artístico empleado para representarla. Para el artista español, la guerra es una absurdidad semántica y formal. Al interiorizar a través del arte la ruptura del límite característica de la guerra absoluta, Goya procedió a una múltiple disolución. Los cuerpos, la psique, los interiores domésticos, las líneas, el acto de producción artística y el marco de la composición son deconstruidos por Goya.

La disolución de la psique es una de las consecuencias de la guerra. Obsérvese, por ejemplo, el grabado 55 (fig. 11). En términos generales, en él se representa el hambre que sufre la población. El aspecto saludable del militar situado en el fondo y a la izquierda de la composición resalta, en contrapunto, los cuerpos demacrados del resto de figuras, con la excepción de la mujer, esto último seguramente por el hecho de haberse prostituido, algo insinuado por su postura sumisa ante el soldado francés con quien conversa y por la leyenda del grabado («Lo peor es pedir»). En el centro de la composición se ve a un personaje cadavérico sentado en una elevación del terreno; tal personaje parece más muerto, por así decir, que el cadáver yacente a la derecha, a quien, por cierto, mira con ojos ensoñadores, actitud mostrada también por la posición de sus manos; esa postura, además de la vestimenta, sitúan al personaje en el mundo de los vivos, no así su cuerpo, formado por huesos sin apenas masa muscular (cráneo, radio, rótula, tibia, peroné). Al colocar en el centro de la estampa la mirada vacía de esa figura, Goya hace de la nada el núcleo formal y temático de su grabado. A la izquierda de esa presencia de lo ausente, de esa nada con forma, hay un niño siniestro, evocador de los lunáticos imaginados por Goya en *Corral de locos* (1793-1794) y *Casa de locos* (*circa* 1815-1819); su boca abierta, su semblante, sus dientes, la disposición desordenada de su cabello, sus brazos extendidos y su mirada amenazante son síntomas de estupefacción y locura. El niño es el único personaje que mira al espectador; no pide favores de los franceses, ni ruega como hace la figura del centro, sino que exige de los espectadores una explicación, como si de algún modo fueran responsables del desastre narrado en el grabado. Detrás del niño se encuentra una figura deforme; su bigote y sus pobladas cejas son desproporcionadamente más grandes que los ojos, aunque mantienen la proporción con su joroba; no hay distancia entre su cuerpo y el del niño, de tal manera que esa figura crea la impresión de ser una excrecencia, un apéndice monstruoso del cuerpo del niño. El marcado contraste entre el grupo de tres figuras en la izquierda del grabado y el grupo de la derecha, organizado en forma de triángulo escaleno cuyo ángulo agudo es la cabeza del cadáver yacente a la derecha, destaca la paulatina disolución de la psique y del cuerpo del ser humano. El militar, sinécdoque de la agresividad guerrera, inicia un proceso violento cuyos hitos son la prostitución, la degradación del cuerpo, la locura y la muerte. La mirada del niño connota la incomprensibilidad de la sucesión de los eventos y la pérdida de la razón resultante de las dimensiones de la tragedia, pero también de la misma naturaleza de la guerra. Lo absurdo es, en síntesis, parte del problema. La mirada demente se encuentra en otros grabados de la serie. En el grabado 49, los ojos hundidos de la mujer del centro de la composición, su mirada intensa y agresiva, el gesto amenazador con el puño cerrado del brazo izquierdo son sintomáticos de alguien que está a punto de perder el juicio. En el grabado 54 (fig. 12), el personaje trazado con tonos más oscuros que los empleados para el resto de figuras –algunas de las cuales, dicho sea de paso, recuerdan, al espectador del siglo XXI, a las imágenes de los «musulmanes» en los *Lager* nazis– mira directamente al espectador; sus ojos son casi negros. De ese personaje el espectador sólo ve con claridad los cabellos y la mirada; el resto del cuerpo ha entrado en un estado de progresiva descomposición. El grabado 68 representa a un individuo por completo desorientado en un espacio absurdo, carente de lógica. Por último, en los «caprichos enfáticos» de *Los desastres de la guerra* Goya comunica la locura con el lenguaje del sueño. Pienso, sobre todo, en el grabado 69. El hombre-esqueleto ha enloquecido justo después de escribir, en una especie de cuaderno, la palabra

«Nada»; su desesperación, expresada por la inclinación del cuerpo hacia atrás y por su grito, permite al espectador inferir su locura. La voz de la cara sin cuerpo situada encima del codo derecho del personaje principal objetiva, con ese grito, la incipiente locura del protagonista. En todos los grabados comentados la locura de la guerra y de sus víctimas se incorpora a las técnicas artísticas de Goya. La locura de la guerra es, en *Los desastres de la guerra*, la locura de la forma.

En la serie de grabados de Goya sobre la guerra –sobre todo en las estampas dedicadas a la hambruna (48-64)–, hay dos motivos recursivos: la deformación y la mutilación del cuerpo humano, estrechamente vinculadas a la disolución de las formas clásicas llevada a cabo por el artista. El grabado 55 antes examinado es un caso evidente, al que se suman muchos otros. En el grabado 57 (fig. 13) se observa la disolución del cuerpo en dos figuras. La de la izquierda es un hombre con –por decirlo así– dos cuerpos: el pecho, con sus costillas perfectamente visibles, los brazos y la cara son menos los de un humano que los de un esqueleto; en cambio, sus piernas conservan todavía su masa muscular. Goya ha alterado la lógica de la representación; en vez de un solo cuerpo, nos muestra dos, pues la parte superior no casa bien con las extremidades inferiores. Lo mismo sucede con el niño en el centro del grabado; su cara y su pecho no se corresponden con las piernas, no sólo por la disposición de éstas, situadas en un plano distinto, más cercano al espectador que el resto del cuerpo, sino también por el contraste entre las piernas fuertes, casi musculosas, con la cara demacrada y la notable delgadez de la parte superior del pecho. La guerra ha alterado la estructura ontológica de sus víctimas. En el grabado 61, la túnica ancha, casi flotante de la figura principal, similar a la de algunos personajes pintados por El Greco, proyecta la imagen de un cuerpo sano, incluso fuerte, impresión confirmada por el bíceps torneado y el antebrazo del brazo izquierdo. No obstante, la cabeza ha perdido masa muscular; las mejillas están hundidas; la disposición de los pocos cabellos que le quedan denotan una calvicie tardía y rápida; la sombra que cubre una amplia superficie de la parte derecha de su cabeza crea la sensación de que la cara se está contrayendo. Los espectadores adivinan que esa cabeza pronto será un cráneo.

Esta deformación del cuerpo humano mantiene, en *Los desastres de la guerra*, una estrecha relación con la deconstrucción del clasicismo realizada por Goya. Como si con ello se quisiera subrayar su subversión artística, los grabados con cuerpos en estado de descomposición conviven con otros protagonizados por víctimas con cuerpos modelados según las convenciones del clasicismo (grabados 33, 37 y 39). El grabado 39 (fig. 14) muestra tres cadáveres atados a un árbol; uno de ellos ha sido descuartizado: el cuerpo, colgado boca abajo y atado por las piernas a una rama, la cabeza, empalada junto a las piernas, y los dos brazos, atados por los dedos en la misma rama, conservan todavía su masa muscular, expresiva de una víctima dotada de un cuerpo fuerte y saludable. Los cuerpos de las tres víctimas son musculosos, muy distintos de los de las víctimas afectadas por el hambre en la serie de grabados sobre la hambruna. Ahora bien: Goya subvierte el clasicismo al descuartizar (grabados 33 y 39) y empalar (grabado 37) figuras modeladas a partir de las normas neoclásicas que el mismo Goya había aplicado en obras anteriores. La forma clásica ha sido descuartizada. El pintor realiza, así, una operación isomorfa a la llevada a cabo por las tropas francesas en la ejecución de sus víctimas.

En consonancia con la disolución de la identidad, la deformación del cuerpo y la deconstrucción del clasicismo –a la que volveré en el siguiente capítulo–, *Los desastres de la guerra* tematizan la resistencia de la guerra absoluta a la comprensión racional, particularmente en los «caprichos enfáticos» (71-75). La atmósfera onírica, casi surrealista, así como las figuras grotescas de los «caprichos enfáticos», sitúan la guerra absoluta en el ámbito de lo abismal, de lo ominoso, de lo incomprensible. Los componentes representacionales de los otros grabados hacen mutis en los «caprichos enfáticos». La figura del grabado 71 (fig. 15) condensa perfectamente la ruptura goyesca con la forma clásica *vis-à-vis* la iconografía de la guerra absoluta. Esa criatura grotesca (cabeza y cuerpo humanos, alas de murciélago en vez de orejas, garras con afiladas uñas en vez de manos y pies) está escribiendo en unas hojas encuadernadas en forma de libro. Ha escrito la mitad de una página y se dispone a escribir de nuevo, tras una pausa. Su pluma ha empezado a grabar lo que podría ser la primera letra del texto. La posición de la mano izquierda parece pedir silencio a las figuras del fondo, mujeres desesperadas que sollozan y gritan; la inclinación del cuerpo, la mirada fija en el libro y el semblante pensativo denotan concentración. ¿Qué escribirá? Imposible saberlo o adivinarlo, como imposible resulta descifrar las líneas escritas en esa página. No es la primera vez que Goya tematiza el acto de escribir. Recuérdese el grabado

69, cuya figura principal escribe la palabra «Nada». En el grabado 74 la figura del centro de la composición está escribiendo en una especie de pergamino; en este caso también se puede leer el texto escrito: «Mísera humanidad, la culpa es tuya. Casti». Goya resalta en estos grabados el acto de escribir, reflejando autorreferencialmente la producción artística de sus propios grabados. Lo singular del grabado 71 es, sin embargo, el espacio en blanco. Por un lado, dicho espacio en blanco anticipa la azarosa transmisión de *Los desastres de la guerra*, desde su finalización alrededor de 1820 hasta su publicación treinta y cinco años después de la muerte del autor, sin olvidar la ordenación final de los grabados, distinta de la que le diera inicialmente Goya. Por otro, el espacio en blanco ubica la escritura del monstruo y del propio Goya más acá de la hermenéutica. La guerra absoluta es vista como pura negatividad, como aquello que puede percibirse pero que se resiste a toda conceptualización, o, por decirlo con palabras de Wittgenstein, como aquello que se puede mostrar, pero no decir. El lenguaje del monstruo es –como el de Goya– el lenguaje de lo indecible.

Acaso sea esa indecibilidad lo que explique la relevancia del acto de mirar en *Los desastres de la guerra*. En varios grabados se articula una red de miradas. Es el caso del grabado 55 (fig. 11); en él, los personajes miran a distintos puntos del espacio; el triángulo de figuras a la izquierda del grabado es, también, un triángulo de miradas (el soldado francés y la mujer se miran mientras el otro hombre la mira a ella); la figura del centro de la composición mira el cadáver que yace en el suelo, y el niño mira fuera, y no dentro, del espacio representado. Es el caso, también, del grabado 61, en el que todas las miradas se concentran en seis puntos diferentes; cabe destacar tres de ellas: la del oficial francés, oblicua e irónica, se dirige a un punto situado en el ángulo inferior derecho externo al grabado, es decir, en el espacio del espectador; debajo de su brazo izquierdo hay una mujer que mira fijamente y con dureza al espectador; como la del niño en el grabado 55, la mirada de esta mujer exige del espectador una reacción ante las atrocidades acontecidas a causa de la guerra; finalmente, la figura grotesca de la mujer detrás del oficial mira hacia un punto fuera del grabado. En esta estampa, la constelación de miradas refleja la falta de comunicación entre los personajes: el «decir» se sustituye por un «mirar» múltiple. El ejemplo más inquietante por lo que respecta a las miradas se halla en el grabado 79; la figura en el extremo izquierdo del grabado mira directamente al espectador con una mirada vacía: sus ojos están en blanco, y la intensidad de su mirada se acentúa por la forma de la nariz y los labios. Mediante esa mirada ominosa, Goya incorpora al espectador en el espacio de lo representado. Como en los grabados recién analizados, en éste se suprime la distancia entre el espacio representado y el espacio de los espectadores. El artista incorpora la mirada de los espectadores al juego de miradas de sus figuras. Con esa eliminación de los límites, consustancial a la guerra absoluta, se establece un diálogo directo con el espectador, y, sobre todo, se señala algo básico subyacente en los grabados de Goya, a saber: que el lenguaje más adecuado para comprender la guerra absoluta no es el verbal, sino el visual.

La guerra absoluta cuestiona los principios básicos de convivencia y el consenso sobre el significado de la verdad. Goya plantea este doble asunto en un díptico formado por los grabados 79 («Murió la verdad») y 80 («¿Si resucitará?»). En el primero de ellos, un grupo de personajes está enterrando a una mujer joven, alegoría de la verdad. La inocencia, belleza y pureza de esa joven, única figura iluminada de toda la composición, contrasta con el aspecto ominoso del resto, en particular el del obispo, cuyo rostro diabólico no se corresponde con su acción de bendecir a la mujer. El segundo grabado del díptico tiene como tema la esperanza de que la verdad resucite. Este díptico resulta muy interesante en el marco de la guerra absoluta. Sin rechazar otras lecturas, Clausewitz nos ofrece una clave para su interpretación. El entierro de la verdad y su hipotética resurrección recuerdan a la discusión de Clausewitz sobre la estructura de las guerras futuras (V, 9, p. 549; VI, 28, pp. 812-814; VIII, 2, pp. 953-955). Puesto que las guerras napoleónicas han conducido la guerra a su pureza, es lógico preguntarse, piensa Clausewitz, si la guerra absoluta será el modelo con el que se evaluarán todas las guerras, en otras palabras, si será el único tipo de guerra, o si habrá otras formas válidas de hacer la guerra (VIII, 2, p. 954). En el caso de que la respuesta a la primera pregunta sea afirmativa, la teoría de la guerra se aproximaría a la necesidad lógica; pero concluir eso haría difícil hablar de las guerras –exceptuando las campañas de Roma– anteriores a Napoleón. Además, eso obligaría al filósofo a excluir la posibilidad de que las guerras del futuro sean distintas de la guerra absoluta, conclusión que Clausewitz, como historiador, se resiste a aceptar. Para evitar tales escollos, Clausewitz asegura que «hemos de entender la guerra como debe ser, y no tomando como base su simple definición» (p. 954). A juicio de Clausewitz, es muy probable que en el futuro se den más casos de guerra absoluta, pero también de guerras limitadas combatidas por motivos muy puntuales; «la guerra puede ser», afirma Clausewitz, «una cuestión de grado» (VIII, 2, p. 955). La historia de la guerra moderna ha dado la razón a Clausewitz: la guerra de Corea, por poner un solo ejemplo, fue una guerra que limitó y detuvo el poder ejecutivo de Estados Unidos por razones estrictamente políticas. Es cierto que Clausewitz vacila al tratar este tema; la teoría, escribe, tiene el deber «de poner la forma absoluta de la guerra en primer lugar y de usarla como hito general para que aquel que quiera aprender algo de la teoría se acostumbre a no perderla nunca de vista, a considerarla la medida original de todas sus esperanzas y temores, para acercarse a ella *donde puede* o *donde debe*» (p. 955). Pero, con todo, las ideas del filósofo prusiano son a este respecto, en términos generales, claras. El punto de referencia básico sigue siendo la guerra absoluta, lo cual no ha de entenderse como una contradicción con las afirmaciones antes comentadas. Clausewitz no afirma que *todas* las guerras hayan de ser juzgadas con la medida de la guerra absoluta, ni que el teórico deba deducir de la guerra absoluta *toda* su teoría. El autor de *Vom Kriege* sostiene que la guerra absoluta es el punto *general* de referencia. A pesar de lo que piensan especialistas como John Keegan,[1] Clausewitz no advoca por la práctica de la guerra absoluta, ni aquí ni en ningún otro pasaje del libro; al contrario, en varias ocasiones nos advierte de su poder aniquilador (v.g. VIII, 2, p. 955).

Volvamos a los grabados 79 y 80. La guerra absoluta conduce a la destrucción del estado habitual de las cosas –como el propio Clausewitz demuestra en *Vom Kriege*– y altera por completo las relaciones entre los seres humanos. En mayor medida que en otros tipos de guerra, la verdad es una de las víctimas de la guerra absoluta. En una guerra limitada por objetivos políticos claros, se impide el fin lógico de la guerra, a saber, la destrucción total del enemigo; existe, por ende, una verdad política, un sistema de valores extrínseco a la esencia destructiva de la guerra. Pero en la guerra absoluta, ¿dónde reside la verdad? En ella, los seres humanos luchan por su supervivencia; cualquier medio para conseguirlo es válido; desaparecen las barreras éticas, no hay nada que limite el ejercicio de la violencia; es el universo de la enemistad absoluta: el otro ha de ser aniquilado a toda costa.

---

1. John Keegan, *A History of Warfare* (Nueva York: Vintage, 1993), pp. 3-24.

La realidad se experimenta sin trascendencia. La guerra absoluta dificulta su codificación, su racionalización; los seres humanos viven en lo real, en una realidad física sin conceptualización abstracta, sin mecanismos para representarla y comprenderla. Los grabados 79 y 80 de *Los desastres de la guerra* de Goya exponen un elemento capital de la guerra absoluta –la muerte de la verdad– y plantean, simultáneamente, la posible reaparición, bajo ciertas condiciones, de esa misma verdad, que, de leer a Goya a partir de Clausewitz, estribaría en un tipo de guerra limitada y controlada por principios éticos. Una guerra, cabría añadir, que se pueda decir, y no sólo mostrar.

IV

6

EL PARADIGMA CLAUSEWITZ

En el capítulo 4 hemos visto algunos puntos de fuga de la teoría clausewitziana de la guerra absoluta. Clausewitz no concilió, de manera consistente, la reflexión abstracta con su concepción histórica de la guerra. Sus dificultades proceden de la estructura de la guerra absoluta, que se resiste al encapsulamiento teórico, pero también del doble trasfondo filosófico de *Vom Kriege*: el criticismo kantiano y el idealismo. Los libros I y VIII, primero y último respectivamente de *Vom Kriege*, ilustran esa tensión. En el libro I, Clausewitz establece los principios primeros a partir de los que deduce la naturaleza de la guerra; no hay referencias históricas: el propósito de Clausewitz es la reducción fenomenológica de la guerra a sus elementos esenciales. El libro VIII, en cambio, está saturado de historia. Las inconsistencias teóricas de Clausewitz por lo que cumple a la articulación de una teoría y una visión histórica de la guerra son uno de los aspectos más fascinantes de *Vom Kriege*. El hiato entre la auto-realización de la guerra absoluta y el aparato teórico e historiográfico desplegado para su comprensión sería, con el paso de los años, un elemento recurrente en trabajos fundamentales consagrados a la guerra absoluta y, en particular, a uno de sus posibles componentes: el genocidio. Ensayos sobre el holocausto de Theodor W. Adorno, Hannah Arendt, Jean Améry, Emmanuel Levinas y Primo Levi pertenecen a una tradición filosófica que ha reconocido su impotencia para comprender un fenómeno considerado como «absoluto».[1] El holocausto aparece, en esos textos, como un atentado contra la razón, como un misterio indescriptible e incomunicable; sus autores consideran que los patrones de conocimiento histórico son insuficientes para explicar una hecatombe del lenguaje,

---

1. Theodor W. Adorno, «Halblang», en *Minima Moralia. Reflexionen aus dem beschädigten Leben* (Fráncfort del Meno: Suhrkamp, 2001), pp. 451-454; *idem, Negative Dialektik. Jargon der Eigentlichkeit*, vol. 6 de *Gesammelte Schriften* (Fráncfort del Meno: Suhrkamp, 1973); *idem*, «Erziehung nach Auschwitz», en *Zum Bildungsbegriff der Gegenwart*, ed. Heinz-Joachim Heydorn *et alii* (Fráncfort del Meno: Verlag Moritz Diesterweg, 1967), pp. 111-123; Jean Améry, *Jenseits von Schuld und Sühne. Bewältigungsversuche eines Überwältigten* (Stuttgart: Klett-Cotta, 1977); Hannah Arendt, *The Origins of Totalitarianism*, nueva edición (Nueva York: Harcourt Brace and Company, 1979); *idem, Eichmann in Jerusalem. A Report on the Banality of Evil* (Nueva York: Penguin, 1994); Emmanuel Levinas, «Transcendence et Mal», *Le Nouveau Commerce*, (1978), pp. 55-78; *idem*, «La Souffrance inutile», *Giornale di Metafisica* (1982), pp. 13-26; Primo Levi, *I sommersi e i salvati* (Turín: Einaudi, 1986).

de la ética y de la razón. Naturalmente, todos esos trabajos se engastan en una larga corriente teológica, filosófica y cultural dedicada a la comprensión de lo que parece incomprensible: el mal. La Biblia, Epicuro, Agustín de Hipona, Tomás de Aquino, Leibniz, Hume, Rousseau, Kant, Schelling y Nietzsche son algunos hitos de esa tradición. No obstante, los ensayos citados, al referirse a un componente de la guerra absoluta, también dialogan con *Vom Kriege*, primer texto en teorizar sobre ese fenómeno y en presentar indirectamente el hiato entre la realidad de la guerra absoluta y su comprensión. Por los mismos años en que se desarrollaron esas reflexiones sobre el holocausto, surgió una constelación de artefactos culturales y científicos preocupados por las consecuencias de una hecatombe nuclear, amenaza originada en una actualización de la guerra absoluta, la guerra mundial de 1939-1945. La segunda corriente de trabajos relacionados con el libro de Clausewitz está formada por libros, panfletos y artículos escritos por revolucionarios. Friedrich Engels (*Die preußische Militärfrage und die deutsche Arbeiterpartei* [«La cuestión militar prusiana y el partido alemán de los trabajadores»], 1865; «Notes on War» [«Apuntes sobre la guerra»], 1870-1871), Lenin («La guerra de guerrillas», 1906; *El socialismo y la guerra*, 1915; «El programa militar de la revolución proletaria», 1916;

Tetradka, 1957, libreta de notas escritas en 1915 sobre Clausewitz donde Lenin plantea su propia teoría de la guerra en su grado absoluto), Ernesto «Che» Guevara (*La guerra de guerrillas*, 1960) y, hasta cierto punto, Mao Zedong (*Problemas estratégicos de la guerra de guerrillas contra el Japón*, 1938) leyeron muy atentamente *Vom Kriege*, libro del que sacaron lecciones importantes para sus respectivas concepciones de la guerra, así como en lo referente a su función revolucionaria. La tercera y última corriente que dialoga con Clausewitz la componen los libros de historia consagrados a las guerras modernas; en este caso, se parte del presupuesto de que tales guerras son fenómenos comprensibles. No es esto algo que deba sorprendernos. La mayoría de historiadores modernos considera los hechos como algo externo perteneciente a la naturaleza; para conocerlos, basta con investigarlos y presentarlos de manera más o menos fidedigna. La necesidad de explicar coherentemente el pasado se predica en la posibilidad de entenderlo si se procede con una metodología rigurosa. Los libros de John Keegan y Hew Strachan sobre la primera guerra mundial,[2] las obras de Antony Beevor y Gabriel Jackson acerca de la guerra ci-

---

2. John Keegan, *The First World War* (Nueva York: Vintage, 2000); Hew Strachan, *The First World War* (Nueva York: Penguin, 2004).

vil española,[3] así como innumerables estudios centrados en la segunda guerra mundial explican con detalle la genealogía, el desarrollo y los efectos de acontecimientos considerados «extremos», aunque susceptibles de comprensión. El ya citado trabajo de Chris Bellamy dedicado a la guerra entre Alemania y la Unión Soviética es un emblema de ese doble reconocimiento. Las tres corrientes reseñadas hallan en *Vom Kriege* uno de sus *loci* originarios. Eso no significa que exista una relación genética entre el libro de Clausewitz y los citados; en algunos casos, lo más probable es que sus autores ni siquiera pensaran en la obra del general prusiano antes, durante o después de la escritura de sus libros o ensayos. Pero sí podemos hablar, en mi opinión, de un vínculo temático y estructural entre unos y otros. Clausewitz fue el primero en articular una filosofía de la guerra absoluta y en manifestar el hiato entre la realidad de ese tipo de guerra y la razón, luego repetido, modificado o rechazado, explícita o implícitamente, por un número considerable de filósofos, historiadores y revolucionarios. De ahí que pueda hablarse de la existencia de un *paradigma Clausewitz*.

3. Antony Beevor, *The Battle for Spain: The Spanish Civil War* (Nueva York: Penguin, 2006); Gabriel Jackson, *The Spanish Republic and the Civil War, 1931-1939* (Princeton: Princeton University Press, 1965).

El paradigma Clausewitz no sólo menta una reflexión filosófica, una adaptación revolucionaria y una articulación historiográfica de la guerra absoluta o de sus derivados. Además, se refiere a un campo de acción, a una práctica militar realizada mediante una aplicación empírica de las tesis de Clausewitz sobre táctica y estrategia. Desde mediados del siglo XIX, militares y teóricos de la guerra han mostrado un gran interés por las aportaciones de Clausewitz al arte de la guerra. Helmut von Moltke (cuyos diversos trabajos se recogieron en un volumen publicado poco después de su muerte en 1891: *Moltkes militärische Werke* [«Obras militares de Moltke»], 1893), Colmar von der Goltz (*Das Volk in Waffen* [«El pueblo en armas»], 1883), Wilhelm Blume (*Strategie* [«Estrategia»], 1884), Ferdinand Foch (*Des principes de la guerre* [«De los principios de la guerra»], 1903; *De la conduite de la guerre* [«De la conducta de la guerra»], 1904), Jean-Lambert-Alphonse Colin (*Les transformations de la guerre* [«Las transformaciones de la guerra»], 1911), Basil Liddell Hart (*The Decisive Wars of History* [«Guerras decisivas de la historia»], 1929) y Michael Mandelbaum (*The Nuclear Question* [«La cuestión nuclear»], 1979) no se entenderían sin Clausewitz, como tampoco se comprenderían la táctica y la estrategia de los alemanes en la guerra franco-prusiana de 1870-1871, ni la conducción de la guerra por los Estados Mayores de los ejércitos de Francia, Gran Bretaña y Alemania durante la primera guerra mundial, todos ellos muy influidos por las ideas de Clausewitz. Como nos recuerda Michael Howard a propósito de la Gran Guerra, en las batallas de desgaste de 1916 y 1917 en el frente occidental y en los argumentos empleados para justificarlas se puede detectar la presencia de la filosofía de Clausewitz: la acumulación de la máxima fuerza en el punto decisivo con el fin de derrotar las fuerzas principales del enemigo, la conducción de las operaciones de modo que pudieran infligir el mayor número de bajas y así obligar al enemigo a usar sus reservas en un mayor número que las propias, el rechazo obstinado a dejarse influir por el aterrador número de bajas son principios clausewitzianos desplegados por los comandantes británicos en la primera guerra mundial.[4] El paradigma Clausewitz es, por lo tanto, un paradigma de *reflexión* y *acción* militar.

---

4. Michael Howard, «The Influence of Clausewitz», en *On War*, de Carl von Clausewitz, ed. y trad. Michael Howard y Peter Paret (Princeton: Princeton University Press, 1984), p. 39.

7

EL PARADIGMA GOYA

En el grabado 33 (fig. 16) de *Los desastres de la guerra,* Goya tematiza su ruptura con las formas y técnicas clásicas, comentada en el capítulo 5. La escena es atroz: dos soldados del ejército francés se disponen a mutilar el cuerpo de un hombre, del que no sabemos si es un combatiente o una víctima de las brutales represalias de los franceses contra la población civil; dos camaradas suyos contemplan la escena. ¿Qué vería Carl von Clausewitz en ese grabado? Probablemente, un caso concreto del desencadenamiento de la furia elemental de la guerra durante las campañas napoleónicas, así como del «odio puro» que las caracterizó en tanto que manifestación de la guerra absoluta. El espectador actual, con la perspectiva que otorgan doscientos años de historia del arte desde la creación de *Los desastres de la guerra,* puede añadir nuevos matices a esa posible percepción de Clausewitz. Puede ver en el grabado 33, sin ir más lejos, una reflexión metaartística sobre el acto de representar la guerra. Lo digo porque Goya ejecuta sobre la forma clásica un acto isomorfo al del soldado que empuña el sable. «Ejecutar» y «mutilar» son, en ambos casos, sinónimos. El grabado 33 no representa el resultado de la mutilación artística y –digamos– militar, sino el mismo momento en que está a punto de realizarse: el soldado todavía no le ha amputado la pierna a su víctima, cuyo cuerpo musculoso dialoga con los cuerpos del arte clásico, del mismo modo que la ejecución/mutilación de la forma clásica en *Los desastres de la guerra* no se realiza, propiamente, en este grabado, sino en otros de la serie, como por ejemplo los «caprichos enfáticos». La conexión entre producción artística y mundo representado aparece también en el nivel de la recepción. Goya sitúa el acto de mutilar en su contexto pragmático; los dos soldados que contemplan la mutilación refractan la mirada estética de los espectadores, asociación que confiere ambigüedad a la dimensión ética de nuestra contemplación estética. Desde este ángulo hermenéutico, podemos afirmar que Goya y su público comparten con los ejecutores franceses una inquietante afinidad.

La guerra absoluta desencadena una violencia inaudita, y por eso mismo crea las condiciones de posibilidad tanto de la ruptura con la tradición artística como de la modificación del horizonte de expectativas del espectador. Como dijo el propio Clausewitz, «¿No deberían estas circunstancias diferentes ocasionar reflexiones completamente distintas? ¿No deberían dirigir la mirada en los años 1805, 1806 y 1809 hacia la desgracia más extrema como una posibilidad cercana, incluso como una gran posibilidad, y por lo tanto, conducir a esfuerzos y planes muy distintos de aquellos cuyo objeto era un par de fortificaciones y una provincia de proporciones medianas?» (VIII, 3A, p. 959). No se olvide que la guerra es uno de los elementos clave de las obras vanguardistas. No se olvide que la guerra es uno de los elementos clave de las obras vanguardistas: la misma denominación «vanguardia», procedente, como es harto sabido, del lenguaje militar, la glorificación de la guerra por los futuristas italianos, la radical hostilidad de todos los movimientos vanguardistas contra la tradición artística, el tono agresivo e incendiario de los manifiestos, el repudio de los valores políticos, éticos y culturales vigentes desde la Ilustración, así como la deconstrucción de la razón, del lenguaje y de las normas inherentes a la lógica de la representación son componentes fundamentales de las vanguardias artísticas indicativos de su estrecha relación con la guerra moderna. Con *Los desastres de la guerra*, Goya, artista de la guerra absoluta, abrió un camino transitado, cien años después, por los vanguardistas; su actitud con respecto a las convenciones artísticas tradicionales es agresiva, belicosa. La poética y la ejecución artísticas de *Los desastres de la guerra* han asumido la disolución de los límites efectuada por la guerra absoluta (nivel sincrónico) y la ruptura de la guerra absoluta con el arte y la praxis militares del pasado (nivel diacrónico), ya que los grabados de Goya, en su propuesta de nuevas modalidades artísticas, guerrean, por así decirlo, con la tradición artística hegemónica. *Los desastres de la guerra* son «arte absoluto», «guerra absoluta» contra la tradición y las convenciones formales vigentes. Retomando un concepto de Carl Schmitt antes discutido, la «enemistad absoluta» no es sólo un componente de la guerra absoluta; también lo es del arte moderno, o, por decirlo con mayor exactitud, del arte modernista, experimental, que hizo de la ruptura una forma de vida.

Con Goya, nace un nuevo paradigma para la representación iconográfica de la guerra. Las obras enmarcadas en el *paradigma Goya* incorporan en su textura artística el *modus operandi* de la guerra absoluta. A pesar de la importancia y la valía del arte de guerra producido en el siglo XIX (v.g. las litografías de Honoré Daumier, los lienzos de Mariano Fortuny sobre la guerra de África y de Winslow Homer sobre la guerra civil estadounidense), la eclosión del paradigma Goya habría de esperar a la primera guerra mundial. El paradigma Goya encontró un terreno fértil en los campos de batalla del frente occidental. Las características de esa guerra explican en buena medida el surgimiento masivo de obras pertenecientes a dicho paradigma. Los escritores y los artistas de la primera guerra mundial se toparon con un problema aparentemente insoluble: cómo representar la experiencia de la guerra absoluta con los lenguajes literarios y artísticos existentes. La incomunicabilidad distintiva de toda vivencia bélica se sintió con una intensidad extraordinaria, y se actualizó lo que Maurice Blanchot ha denominado «escritura del desastre».[1] Para Blanchot, el desastre conlleva una disolución de la totalidad; no es ni nombre ni verbo, sino, más bien, un resto «que tacha» de invisibilidad e ilegibilidad todo lo que se muestra y todo lo que se dice; supone la «ruina de la palabra», siendo uno de sus efectos la destrucción de la unidad del pensamiento y del sujeto que lo ha experimentado. El desastre «des-escribe» y erosiona la capacidad de los seres humanos para conferirle sentido

---

1. Maurice Blanchot, *L'Écriture du désastre* (París: Gallimard, 1980).

y expresarlo con el lenguaje, a la vez que cuestiona los parámetros discursivos y epistemológicos de los que disponemos para conocerlo. El «des-escribir» del desastre fragmenta la escritura y, hemos de añadir, el lenguaje iconográfico.

La escritura del desastre encontró su expresión moderna en la representación de la primera guerra mundial. La Gran Guerra condujo a una crisis del sentido. La solidez de los fundamentos de la sociedad europea del siglo XIX (v.g. el liberalismo, la identidad subjetiva unitaria, la razón, el lenguaje mimético, la confianza en el progreso de la humanidad) se diluyó en el barro de las trincheras de Flandes. A partir de la Gran Guerra, el reconocimiento de las limitaciones del lenguaje, de las imágenes y de los recursos expresivos tradicionales para hablar de la guerra conllevó la búsqueda de nuevas formas para expresar el horror de la guerra absoluta. Así, el desmantelamiento de los grandes mitos de la Europa decimonónica encontró su correlato discursivo en la preferencia por un lenguaje experimental, dislocado, lúdico, ilógico, onírico. La primera guerra mundial aceleró la consolidación en Europa del modernismo surgido en el fin de siglo. Son legión las actualizaciones del paradigma Goya en el arte de la primera guerra mundial. Las más prominentes se encuadran en el futurismo italiano y en el expresionismo alemán. Pienso, sobre todo, en piezas de Ludwig Meidner (*Französische Soldaten* [«Soldados franceses»], 1914), Oskar Kokoschka (*Der irrende Ritter* [«El caballero errante»], 1915), Max Beckmann (*Die Granate* [«La granada»], 1915), George Grosz (*Schützengraben* [«Trinchera»], 1917; *The Survivor* [«El superviviente»], 1936), Käthe Kollwitz (*Krieg* [«Guerra»] 1923, serie de siete grabados) y Otto Dix, cuya colección de cincuenta grabados titulada *Der Krieg* («La guerra», 1924) se erige como uno de los testimonios visuales más estremecedores de la Gran Guerra. Grabados de Dix como *Verwundeter (Herbst 1916 bei Bapaume)* («Herido (Otoño de 1916 en Bapaume)»), *Abend in der Wytschaete-Ebene* («Tarde en la llanura de Wytschaete»), *Mahlzeit in der Sappe* («Comida en la zapa») y *Sturmtrupp geht unter Gas vor* («Tropa de asalto avanzando bajo el gas») dialogan intertextualmente con algunos «desastres» goyescos, tanto por su temática como por su ejecución formal. Compárense, por ejemplo, *Mahlzeit in der Sappe* (fig. 17) con el grabado 68 de *Los desastres de la guerra*, *Abend in der Wytschaete-Ebene* (fig. 18) con el 22, y *Verwundeter (Herbst 1916 bei Bapaume)* (fig. 19) con el 69. En todas esas estampas, Goya y Dix renuncian al lenguaje de la mimesis en favor de técnicas expresionistas, tácitamente consideradas como más adecuadas para la representación de la barbarie de la guerra absoluta y sus devastadores efectos en los seres humanos y en el paisaje.

En su denuncia expresionista de la guerra, las obras del paradigma Goya recortan los límites de lo que Wilfred Owen, poeta y oficial inglés en la primera guerra mundial, llamó «la piedad de la guerra». Ante el cataclismo del sentido que supuso la primera guerra mundial, «todo lo que puede hacer el poeta», escribió el propio Owen, «es advertir».[2] Y eso es lo que se llevó a cabo en las obras de arte del paradigma Goya producidas a propósito de la primera guerra mundial. *Verwundeter*, el grabado de Otto Dix antes citado, es uno de los avisos más angustiantes del efecto de la guerra absoluta en el individuo: su destrucción física y psíquica. La deformación del semblante, la mirada aterrada y el aparente enloquecimiento del soldado de Dix pueden espigarse en obras posteriores. Entre ellas cabe destacar una de las escenas finales de *Full Metal Jacket* (1987), película de Stanley Kubrick sobre la guerra de Vietnam. Me refiero a la escena en la que una francotiradora norvietna-

---

2. Wilfred Owen, «Preface», *The Collected Poems of Wilfred Owen*, ed. C. Day Lewis (Nueva York: New Directions Paperbook, 1965), p. 31.

mita agoniza bajo la mirada de los marines que la han abatido. Es de noche; la soldado yace en el suelo de un edificio semi destruido evocador del paisaje urbano lunar de Stalingrado. Alternando picados con *close-ups*, la cámara de Kubrick se recrea en la cara de la víctima *vis-à-vis* el diálogo siniestro y obsceno de los marines; las facciones de la mujer, iluminadas por el claroscuro creado por el contraste entre la noche y el resplandor rojizo procedente de las zonas incendiadas del complejo urbano, son casi las de un cadáver, mientras que su mirada aterrada nos habla de alguien que se ha asomado al abismo. El sufrimiento físico en la frontera del abismo absoluto, el dolor radical que sólo conoce el lenguaje de la contorsión del cuerpo, de la oración y de la muerte –«Shoot me, shoot me!», suplica la combatiente norvietnamita a los marines– requieren una mirada que, como la de Kubrick, asimile técnicamente la indecibilidad de la guerra. Esa escena de Kubrick actualiza, en el lenguaje de la cinematografía, el paradigma Goya. A ese paradigma pertenecen, por supuesto, el *Guernica* (1937) de Picasso, *The Ambassador of Good Will* («El embajador de buena voluntad», 1943) y *The Survivor* («El superviviente», 1944) (fig. 20), de George Grosz, y un buen número de cuadros pintados por supervivientes de Hiroshima, recogidos por la Corporación Japonesa de Radiodifusión en la antología *Unforgettable Fire: Pictures Drawn by the Atomic Bomb Survivors* («Fuego inolvidable: cuadros de supervivientes de la bomba atómica», 1977), entre muchos otros ejemplos. Reconocer ese parecido no implica ignorar las importantes diferencias existentes entre las obras mencionadas; de lo que se trata aquí es de establecer su pertenencia a un paradigma artístico de *longue durée* surgido de las guerras napoleónicas: el paradigma Goya.

8

GEOMETRÍA MILITAR GLOBAL Y ESPACIOTEMPORALIDAD DE LA GUERRA ABSOLUTA

La vigencia de los dos paradigmas invita a la reflexión. Clausewitz y Goya entrevieron que las prácticas espaciales debidas a la guerra absoluta contenían un elemento primordial: la paulatina expansión de una geometría militar. Al general prusiano le interesó la extensión espacial de las guerras revolucionarias y napoleónicas, que afectó, dicho sea de paso, al propio Clausewitz: empezó su carrera militar combatiendo en la campaña del Rhin (1793-1794), pasó seis meses internado en Francia (diciembre-junio de 1807) a consecuencia de la derrota de los prusianos en Jena, estuvo en Rusia durante la invasión francesa en 1812 y formó parte de los ejércitos que derrotaron a Napoleón en Waterloo. De las guerras limitadas del siglo XVIII se había pasado a un conflicto paneuropeo. «Si consideramos la comunidad de Estados en Europa hoy», reflexiona Clausewitz en el capítulo 6 del libro VI, «no hallaremos una balanza de poder [*Gleichgewicht der Macht*] ni esferas de influencia reguladas»; en cambio, «nosotros sí encontramos intereses mayores y menores de la manera más variada y cambiante. Cada punto de intersección sirve para anudar y equilibrar un conjunto de intereses contra otro. El efecto amplio de todos esos puntos fijos es evidentemente conferir un cierto nivel de cohesión al todo» (pp. 638-639). Tal es la lectura clausewitziana de la balanza de poder en Europa, balanza que emergerá de manera espontánea «siempre que un número de países civilizados mantenga *relaciones multilaterales*» (p. 639; la cursiva es mía). Con estas observaciones, Clausewitz describe indirectamente los efectos políticos de las guerras napoleónicas en las relaciones interestatales. El Congreso de Viena establecería una balanza de poder longeva, alterada cincuenta años después y eliminada por completo a consecuencia de la primera guerra mundial. En *Vom Kriege*, Clausewitz no menciona el creciente poder del ejército en la sociedad civil experimentado con la Revolución Francesa, pero sí alude a la expansión de una nueva geometría militar y a sus consecuencias políticas. Goya plantea una problemática similar. El espectador de *Los desastres de la guerra* no verá en sus estampas un tratamiento artístico de los temas reseñados. De haber adoptado una mirada panorámica como la de Jacques Callot en *Les Misères et les malheurs de la guerre* (1633), Goya tal vez hubiera emprendido una consideración global de la guerra napoleónica y su resultado parecida a la de Clausewitz. Pero el artista español prefirió centrarse en el sufrimiento individual, en escenas con pocos personajes, en eventos acaecidos en espacios indeterminados. En este último elemento se condensa el pensamiento goyesco sobre las implicaciones globales de las guerras napoleónicas, su expansión espacial y, por último, el significado y las consecuencias de la guerra de guerrillas. La indeterminación espacial de la guerra de guerrillas visualizada por Goya globaliza, en el tiempo y en el espacio, esta forma de practicar la guerra. Con la expansión de la geometría militar merced a las campañas napoleónicas, la guerra de guerrillas se ha extendido por todo el planeta: los maquis; los grupos de partisanos que operaron en Yugoslavia, Checoslovaquia, Francia, China, la Unión Soviética y en otros países durante la segunda guerra mundial; las guerras de liberación nacional contra la ocupación colonial iniciadas poco después de 1945; la proliferación de guerrillas en Iberoamérica; las fuerzas irregulares en Afganistán durante la ocupación soviética del país (1979-1989) y, más recientemente, contra la coalición angloamericana que invadió y ocupó Afganistán en 2001, a la que se unieron unidades de la OTAN en 2003; la resistencia armada contra la presencia neocolonial estadounidense y británica en Irak desde 2003 son, todos ellos, ejemplos de la universalización del fenómeno guerrillero, así como de su capacidad para reorganizar el espacio. A su vez, el terrorismo ha de entenderse como una metamorfosis de la guerra de guerrillas; grupos terroristas como el desmantelado IRA, ETA, Al Qaeda, Hamás, Hezbolá y células islámicas durmientes diseminadas por Europa han llevado al límite tácticas esencialmente guerrilleras (v.g. extrema movilidad y expansión territorial de los grupos armados, invisibilidad de los combatientes, ataques sorpresa, toma y ejecución de rehenes). La globalización de los grupos armados irregulares confiere vigencia a los grabados de Goya, no por sus figuras, por supuesto, sino por su representación del espacio y por la clara comprensión de que la guerra asimétrica entre un ejército regular moderno y formaciones militares irregulares conduce a un nuevo tipo de producción espacial.

La transtemporalidad del espacio de la guerra absoluta discutido por Clausewitz y visualizado por Goya proyecta sus respectivas obras al mundo global contemporáneo. La globalización actual, muy debatida desde las manifestaciones callejeras en Seattle durante la cumbre de la Organización Mundial del Comercio en 1999, no es algo unitario; en vez de hablar de una sola globalización, sería más exacto considerarla en plural, esto es, como una red de globalizaciones de distinta naturaleza, importancia y con efectos diversos, algunos perniciosos, otros favorables para la convivencia y el bienestar de la población. Sus orígenes se remontan a la expansión europea comenzada por los españoles a finales del siglo XV y proseguida, como bien sabemos, por Francia, Holanda y el Reino Unido. No se olvide, dicho sea entre paréntesis, que el capitalismo es, por definición, un fenómeno global, algo que los hombres de negocios han tenido siempre presente, desde el siglo XIX en adelante. Una de las globalizaciones del mundo contemporáneo es la militar. La expansión de la guerra y, consiguientemente, de los ejércitos (v.g. aumento sustancial del número de sus efectivos, constante modernización de su armamento, mayor protagonismo del ejército en la vida política y económica de la sociedad civil), comentada por Clausewitz, junto a la ocupación colonial de casi todo el planeta por un puñado de países europeos, generó una geometría militar inédita en constante expansión, hoy día de alcance planetario. Una compleja y vasta red de bases y asesores militares, silos nucleares y vectorialidades (navales, terrestres, aéreas) ocupa, recorta y condiciona el espacio y la vida del planeta. A esos factores estructurales hemos de añadir otros de carácter coyuntural. No me refiero sólo al despliegue en sí de tropas en el extranjero (se calcula que Estados Unidos tiene alrededor de 750 bases militares desplegadas en más de sesenta países), sino a las ocupaciones militares de países foráneos y a las «misiones de paz» de la ONU y la OTAN. Según datos de la propia organización, la ONU realizó en el primer semestre de 2008 diecisiete misiones de paz con un total de 90.833 efectivos multinacionales, contando tropas, observadores militares y policías. En territorio de la antigua Yugoslavia y en Afganistán, la OTAN ha desplegado unidades de combate y apoyo para la «pacificación» y «reconstrucción» de esos países.

Junto a esa expansión internacional de ejércitos regulares y coaliciones armadas multinacionales convive la mundialización de las actividades guerrilleras y terroristas. Resulta significativo que los objetivos terroristas más importantes en países occidentales hayan sido medios de transporte o nudos de comunicación. Pensemos en los ataques terroristas en el metro y en un autobús de Londres el 7 de julio de 2005 y en trenes de cercanías de Madrid el 11 de marzo de 2004, en los cuatro ataques fallidos contra el metro y un autobús en Londres el 21 de julio de 2005, en el plan terrorista, abortado por las fuerzas de seguridad españolas en 2008, de atacar una importante estación de metro de Barcelona donde convergen distintas líneas, en la explosión terrorista de aviones en pleno vuelo (v.g. el vuelo Pan Am 103, que explotó sobre la localidad escocesa de Lockerbie el 21 de diciembre de 1988), en el empleo de aviones como armas para atacar y destruir objetivos (v.g. los ataques terroristas del 11 de septiembre de 2001 en territorio estadounidense) o, por último, en el secuestro de aviones (secuestro palestino del vuelo Air France 139 en 1976 y del vuelo Lufthansa 181 en 1977). En nuestro mundo global, se han alterado dramáticamente las relaciones humanas: lo cercano está lejos y lo lejano, cerca. La mayor movilidad y la velocidad del cambio, la comunicación electrónica de personas alejadas en el espacio, así como el aumento de los procesos migratorios, crean inestabilidad y, por ende, tensión y violencia, lo cual dificulta la integración y aceptación local de los inmigrantes en los países de adopción. Los terroristas islámicos, en su resistencia al neocolonialismo y/o a la modernización occidentales, atacan precisamente aquellos objetivos en los que se basa la movilidad moderna, la transmisión de ideas, los flujos humanos, la hibridez y la homogeneización cultural, la expansión de los valores occidentales hegemónicos, las tensiones culturales, la alienación personal, o sea, los medios de transporte y los nudos de comunicación. No es éste el lugar para el análisis detenido de esa geometría militar global. Eso sí, importa tenerla en cuenta para contextualizar adecuadamente algunos temas discutidos en este ensayo.

La expansión de la geometría militar, originada en la colonización europea del planeta y en las guerras napoleónicas, corre paralela al desarrollo de dos paradigmas, surgidos también, hay que repetirlo, en las campañas napoleónicas. En el paradigma Clausewitz se encuadran representaciones de espacio enfocadas en la discusión de la guerra moderna, de su lenguaje, de su historia, de sus efectos, de sus *loci*, de su relación estructural con el territorio. Las obras enmarcadas en el paradigma Goya asimilan formalmente la estructura de la guerra absoluta y los temas tratados, con el lenguaje de la razón, por las representaciones de espacio del paradigma Clausewitz. El carácter seminal de las guerras napoleónicas, de *Vom Kriege* y de *Los desastres de la guerra* permite interpretarlos como lo que en otro trabajo he llamado *vector de formación*; por vector de formación entiendo todo acontecimiento, o serie de acontecimientos, que implica una ruptura «radical» (en el doble sentido de «ruptura extrema» y de «relativo a la raíz») y una *dirección* en cuyo trayecto se *forman* elementos y dimensiones de un nuevo fenómeno.[1] En los tres casos analizados se procedió a una producción de espacio de la que somos herederos y ejecutores. La geometría militar global, su discusión teórica y su representación cultural hallan sus raíces en los vectores de formación germinados a propósito de la Revolución Francesa y las guerras napoleónicas. La guerra absoluta y sus representaciones son, en este sentido, fenómenos nomádicos: su locus natural es el planeta. Por fortuna, la guerra absoluta no se ha vuelto a desencadenar desde la segunda guerra mundial. Durante la guerra fría se comprendió que una guerra absoluta conduciría inevitablemente a la destrucción mutua de las dos superpotencias y del mundo tal como lo conocemos. Por otra parte, la guerra fría implicó, precisamente por la amenaza nuclear, la muerte militar de todas las tropas soviéticas y estadounidenses *antes*

1. Nil Santiáñez, *Investigaciones literarias. Modernidad, historia de la literatura y modernismos* (Barcelona: Crítica, 2002), pp. 13-50.

de entrar en acción: su existencia, su número y su armamento implicaba, de manera paradójica, la imposibilidad de utilizarlas y el convencimiento de que, en caso de hacerlo, se procedería a su total aniquilación. La no auto-realización de la guerra absoluta durante la guerra fría no debería conducirnos a pensar que dicha guerra ha perdido vigencia. En primer lugar, su aparición en la empiria durante las guerras napoleónicas y la posibilidad permanente de su auto-realización han modificado decisivamente las relaciones militares y políticas entre los países y han producido la geometría militar global. En segundo término, la extensión espacial, la elección indiscriminada de objetivos civiles y la agudización de la amenaza terrorista son en parte nuevas caras de la guerra absoluta; no en vano algunos gobiernos occidentales han expresado su temor –con sinceridad o para manipular a sus ciudadanos– ante la posibilidad de que grupos terroristas adquieran armas de destrucción masiva. Las guerras napoleónicas, Clausewitz y Goya forman parte, por ende, de nuestro presente.

La producción espacial de la guerra absoluta no se limita a la expansión global de prácticas materiales espaciales militares, algo en lo que se ha insistido a lo largo del presente ensayo. Para la comprensión de la globalización militar se impone, primero, concebir el espacio en toda su complejidad, en todas sus dimensiones y, de manera simultánea, como producto de acciones humanas a la vez que como gramática que condiciona y produce comportamientos, flujos humanos, formas de vida, estrategias militares y geopolíticas, organizaciones políticas. A continuación, hay que analizar la guerra a partir de esa multiplicidad de espacios. Dado que las prácticas materiales espaciales militares han sido objeto de no pocos estudios, en el presente ensayo me he centrado en representaciones de espacio y en espacios de representación. Si queremos entender plenamente la guerra absoluta y su geometría, una historia de los factores materiales y de las prácticas espaciales no es suficiente. La localidad y el campo de acción de la guerra absoluta se sitúan en los intersticios de lo material, lo conceptual y lo visual.

V

1. Francisco de Goya. «Lo mismo» (*Los desastres de la guerra*, 3). (1810-1820).

2. Francisco de Goya. «Tampoco» (*Los desastres de la guerra*, 36).

3. Francisco de Goya. «Y esto también» (*Los desastres de la guerra*, 45).

4. Théophile-Alexandre Steinlen. *L'exode belge* (1915).

135

5. Francisco de Goya. «Y no hay remedio»
(*Los desastres de la guerra*, 15).

6. Francisco de Goya. «No se puede mirar»
(*Los desastres de la guerra*, 26).

7. Francisco de Goya. «Esto es peor» (*Los desastres de la guerra*, 37).

8. Luc-Albert Moreau. *Attaque du Chemin des Dames* (1917).

9. Robert Capa. *Teruel, frente de Aragón, 21-24 de diciembre de 1937*.

10. Masato Yamashita. Sin título (*circa* 1974).

11. Francisco de Goya. «Lo peor es pedir»
(*Los desastres de la guerra*, 55).

12. Francisco de Goya. «Clamores en vano»
(*Los desastres de la guerra*, 54).

13. Francisco de Goya. «Sanos y enfermos»
(*Los desastres de la guerra*, 57).

14. Francisco de Goya. «Grande hazaña! Con muertos!»
(*Los desastres de la guerra*, 39).

15. Francisco de Goya. «Contra el bien general»
(*Los desastres de la guerra*, 71).

16. Francisco de Goya. «Qué hai que hacer más?»
(*Los desastres de la guerra*, 33).

17. Otto Dix. *Mahlzeit in der Sappe* (1924).

18. Otto Dix. *Abend in der Wytschaete-Ebene* (1924).

19. Otto Dix. *Verwundeter (Herbst 1916 bei Bapaume)* (1924).

20. George Grosz. *The survivor* (1944).

© 2009 Nil Santiáñez

Ilustración de la cubierta: fotograma final de *Full Metal Jacket*,
Stanley Kubrick (1987)

Fotografía del autor: © Alexander Hollmann

Attaque du Chemin des Dames, 1917
© Luc-Albert Moreau, VEGAP, Barcelona 2008

Teruel, 1937 © Robert Capa / Magnum Photos / Contacto

Mahlzeit in der Sappe, 1924
Abend in der Wytschaete-Ebene, 1924
Verwundeter (Herbst 1916 bei Baupame)
© Otto Dix, VEGAP, Barcelona 2008

The survivor, 1944 © George Grosz, VEGAP, Barcelona, 2008

© 2009 Ediciones Alpha Decay, S.A
Gran Via Carles III, 94 – 08028 Barcelona
www.alphadecay.org

Primera edición: marzo de 2009

Serie dirigida por Arnold I. Davidson y Enric Cucurella

Meritxell Anton: Corrección de primeras pruebas
Ana Muñoz: Corrección de segundas pruebas

Tipografía y diseño de la serie: Norbert Denkel
Preimpresión: Fotocomposición gama, sl
Impresión: Thau, S.L.

ISBN: 978-84-936540-3-0
Depósito legal: B. 2.911-2009